Karl Klement

Arion : mythologische Untersuchungen

Karl Klement

Arion : mythologische Untersuchungen

ISBN/EAN: 9783744630610

Hergestellt in Europa, USA, Kanada, Australien, Japan

Cover: Foto ©ninafisch / pixelio.de

Weitere Bücher finden Sie auf **www.hansebooks.com**

ARION.

MYTHOLOGISCHE UNTERSUCHUNGEN

VON

DR. KARL KLEMENT

K. K. GYMNASIAL-PROFESSOR.

WIEN 1898.

ALFRED HÖLDER

K. U. K. HOF- UND UNIVERSITÄTS-BUCHHANDLER

I., ROTENTHURMSTRASSE 15.

Sonderabdruck aus dem Jahresberichte des k. k. Staatsgymnasiums im XIX. Bezirke Wiens.

ie Arionsage liegt der allgemeinen Heerstraße der Philologen zu nahe, als dass nicht schon viele ihre Meinung über die Entstehung und Bedeutung derselben ausgesprochen hätten. Auffallen muss nur, dass auch bei der großen Menge derer, die sich mit dieser Sage beschäftigt haben, Recht behält der Satz: „Quot capita, tot sententiae; suus cuique mos". Und nicht immer bedeutete es einen Fortschritt, wenn irgendwo eine neue Erklärung auftauchte. Es kommt dies zum Theile daher, dass man vielfach bloße Einfälle, die keiner weiteren Erwägung unterzogen wurden, hingeschrieben hat, ohne sich um die von Vor- und Nebenmännern ausgesprochenen Ansichten zu kümmern. Und wenn man schließlich auch denjenigen Weg betrat, der zur richtigen Erklärung der Sage führen konnte, so hat man meines Erachtens nie die ausgesprochenen Gedanken bis in die letzten Consequenzen ausgedacht, um darnach erst endgiltig die Erklärung zu gestalten. Ich habe darum versucht, auf Grund eines neu gesichteten, wie ich glaube, vollständigen Materials diese Frage unter Berücksichtigung der mir bekannten Deutungen der Arionsage einer neuerlichen Behandlung zu unterziehen und sie der mir richtig scheinenden Lösung zuzuführen. Es entstand so ein Stück Kleinarbeit auf dem weiten Gebiete der mythologischen Wissenschaft, das jedoch auch verschiedenen bedeutenderen Problemen nicht ausweichen konnte, vielleicht übrigens auch deshalb nicht gerade unnütz sein wird, weil wieder bei einer Einzeluntersuchung sich die Methode der „Stammythologen" als unabweisliches Postulat aufdrängte. Wenn ich es aber unterließ, bestimmte Stämme für die einzelnen Rollen in den behandelten Fragen namhaft zu machen, selbst dann, wenn der Name des betreffenden Stammes sich förmlich auf die Lippen drängte, so geschah dies, weil ich die Lösung einer solchen Einzelfrage nicht ausklingen lassen wollte auf einem Gebiete, wo trotz der heute eifrig betriebenen Forschung selbst grundsätzlich noch große Meinungsverschiedenheiten herrschen. Erst eine allseitige Lösung des Problems der griechischen Völkerwanderung wäre im Stande, Hypothesen, die sich bei einem solchen Detail, wie es die vorliegende Arbeit behandelt, darbieten, hinlänglich zu stützen und zu sichern.

1*

Der älteste Zeuge für die Arionsage ist H e r o d o t. Sein Bericht (I 24) war, wie sich zeigen wird, grundlegend für alle späteren Darstellungen der Sage; ihm vor allem wohl hat es die Arionsage zu danken, dass sie eine so weite Verbreitung gefunden hat. Auch in späterer Zeit noch wurde Herodot oftmals herangezogen und z. B. von Fronto (Naber, p. 237), sowie auch von Gellius (u. Att. XVI 19), jedoch ohne dass dieser von jenem abhängig wäre (vgl. Anm. 7), fast wörtlich wiedergegeben. Herodot erzählt die Geschichte von Arion nach Hörensagen [1]) ungefähr folgendermaßen: Arion, der sich die meiste Zeit am Hofe Perianders von Korinth aufhielt, hatte sich auf einige Zeit nach Italien und Sicilien begeben und hier großen Reichthum erworben. Als er wieder nach Korinth zurückkehren wollte, miethete er sich, da er zu den Korinthiern besonderes Vertrauen hatte, ein korinthisches Schiff [2]) und trat mit diesem von Tarent aus [3]) seine Rückreise an. Auf der hohen See aber verabredeten sich die Schiffer, ihn ins Meer zu werfen, um in den Besitz seiner großen Schätze zu gelangen. Als Arion dies merkte, wollte er sich zunächst um den Preis seiner Schätze von den Schiffern Gnade für sein Leben erkaufen. Jedoch darauf giengen dieselben nicht ein, vielmehr verlangten sie, dass er sich entweder auf dem Schiffe selbst tödte oder aber sofort ins Meer hinabspringe. Als sich so Arion in der größten Noth sah, erklärte er, sich ihrem Willen fügen zu wollen, bat aber um die Erlaubnis, noch vor seinem Tode auf dem Verdecke in seiner gewohnten Sängertracht zu singen. Diese Bitte ward ihm im Hinblicke auf den zu gewärtigenden Genuss von den Schiffern gewährt. [4]) Arion sang nun einen Nomos, und nachdem er damit zu Ende war,

---

[1]) Schon Pausanias III 25, 7 hat durch ἀκοήν die Worte Herodots (λέγουσι Κορίνθιοι, ὁμολογοῦσι δὲ σφι Λέσβιοι) gedeutet. Das Doppelzeugnis für das erzählte θῶμα soll gewiss nur den Wunderglauben Herodots rechtfertigen — am Schlusse des Capitels fügt er dem wiederholten Doppelzeugnis der Tradition noch eine monumentale Bestätigung der wunderlichen Erzählung hinzu —, nicht etwa, wie Stein z. d. St. meint, eine abweichende Version ablehnen. Am wenigsten kann man darin eine Polemik gegen jene angeblich schon Herodot bekannte Version angedeutet finden, für die einzig Lukian dial. mar. 8 angeführt werden kann, welcher Arion bei jenem Unfall auf der Reise von K o r i n t h nach Methymna begriffen sein lässt. Die Annahme, dass Lukian mangels genauerer Kenntnis der Arionsage dies aus dem Verhältnis des Methymnaeers zu Periander sich selbst construiert habe, liegt zu nahe, als dass man dieser durch keine einzige Stimme des Alterthums bestätigten Abweichung Lukians Beachtung schenken und gar ein vorherodoteisches Alter zuerkennen dürfte. Wenn man dennoch (siehe unten) bei Beurtheilung der Arionsage sich darauf bezogen hat, so nimmt es Wunder, dass man andererseits in richtiger Erkenntnis der Sache nie Gewicht gelegt hat auf die in ähnlicher Combination begründete Angabe Ovids (Fast. II 95), Arion sei damals auf dem Wege von Italien in seine Heimat begriffen gewesen, eine Angabe, die ich wiederfinde in dem Schol. zu Clemens Alex. Protr. 1 1 (Dindorf, I p. 413 f.). Weder in Ovid noch in Lukian liegt eine ernst zu nehmende Sonderversion vor. — O. Crusius in Pauly-Wissowa, Realencykl. II Sp. 837, sieht gar in Lukians Darstellung die eigentliche lesbische Fassung der Arionsage. Diese gänzlich unbegründete Vermuthung wird schon durch die Worte Herodots widerlegt.

[2]) Bei Fronto sind es nur „hauptsächlich" Korinthier, die Arion als Schiffer nimmt.

[3]) Dass Arion gerade von Tarent aus seine Rückreise antrat, hat Gellius übergangen.

[4]) Die Verhandlungen zwischen Arion und den Schiffern sind sowohl bei Gellius wie insbesondere bei Fronto gekürzt.

warf er sich ungesäumt in vollem Schmucke ins Meer.[5] Die Schiffer fuhren — in der festen Meinung, fügt Gellius hinzu,. dass so Arion sicher umgekommen sei — weiter nach Korinth: den Arion aber nahm ein Delphin auf seinen Rücken und trug ihn nach Tainaron. Von da wandte sich Arion zu Lande weiter nach Korinth und erzählte den Vorfall dem Periander. Dieser wollte es gar nicht glauben,[6] ließ daher den Arion bewachen und wartete auf die Schiffer. Nach ihrer Ankunft ließ er sie sofort rufen und fragte sie nach Arion. Als diese erwiderten, Arion sei ganz wohl in Tarent zurückgeblieben, trat Arion in derselben Tracht, mit der er ins Meer gesprungen war, hervor; natürlich konnten nun die Räuber ihre That nicht weiter leugnen. Dass sie den Tod fanden, ist zwar nicht, wie z. B. in der dem Dio Chrys. zugeschriebenen 37. Rede, ausdrücklich hervorgehoben, jedoch leicht zu vermuthen. „So erzählen", damit schließt Herodot seinen Bericht, „die Korinthier und Lesbier; und auf Tainaron steht ein nicht gerade großes Weihgeschenk aus Erz, das von Arion herrührt und einen Menschen auf einem Delphin darstellt."[7] — Der herodoteischen Erzählung gedenken außer den genannten Autoren noch Strabo XIII 14 (Meineke, p. 864), Aelian n. a. VI 15 fin. und Markellinos im βίος Θουκυδίδου § 49 (Poppo, p. XXVIII); ferner ist wohl auf Herodot selbst zurückzuführen Aelian n. a. II 6 ... τὸ μὲν (die Erzählung von Arion) ᾔδουσι Κορίνθιοι[8] καὶ ὁμολογοῦσι αὐτοῖς Λέσβιοι. Ob Tzetzes, der in Chil. I 393 ff. (hist. 17, worauf er auch zurückweist am Schlusse der 117. Erzählung in der IV. Chil.) Herodot und Oppian citiert, seiner Darstellung Herodot selbst zugrunde gelegt hat, kann fraglich erscheinen. Andererseits kommt der herodoteischen Erzählung sehr nahe und ist wenigstens aus einer Quelle, die Herodot gut benützt hat, entnommen die Erzählung des Libanios in Westermanns Μυθογράφοι p. 362.

---

[5]) Merkwürdiger Weise sagt Gellius an dieser Stelle, die er doch ziemlich genau übersetzt hat: „Eiecit sese procul in profundum." Außer bei Gellius findet sich diese Bemerkung nur noch bei Plut. conviv. sept. sap. 17. — Es soll wohl durch diesen Zusatz der Anstoß beseitigt werden, der darin liegt, dass die Schiffer Arion nicht auf dem Delphin fortreiten sahen, sondern ihn für todt hielten.

[6]) Herodots Worte (ὑπὸ ἀπιστίης) sind von Fronto also interpretiert: Periander glaubte zwar dem Arion, doch das Wunder machte ihn stutzig.

[7]) Den Schluss gibt Fronto folgendermaßen: Delphini facinus ad Taenarum visitur, delphino residens homo, parva figura argumento magis quam simulacro composita. Die letzten Worte sind wohl als eine Begründung zu parva figura hinzugesetzt. — An diese Schlussworte des Fronto werden wir unwillkürlich erinnert bei Gellius' Worten: esse fabulae argumentum, quod simulacra duo aénea ad Taenarum viserentur, delphinus vehens et homo insidens. Doch ändert dies wohl nichts an der von Kretzschmar, de A. Gellii fontibus gramm. (Posen 1860) p. 103 f., gemachten Wahrnehmung, dass sich bei Gellius keine Spur von Benützung eines von Fronto geschriebenen Buches finde; denn ganz wohl kann diese Übereinstimmung auf die von Gellius mit großem Nutzen frequentierten Disputationen des Fronto zurückgehen, in denen etwa auch die herodoteische Darstellung der Arionsage zum Gegenstande der Interpretation genommen worden war. (Vgl. Gell. XVI 14, 5 mit Fronto de diff. voc. p. 281.)

[8]) Κορίνθιοι hat bereits Gronovius eingesetzt für das handschriftliche αἰγόπται, das an der betreffenden Stelle noch nicht entschuldigt werden kann durch den Hinweis auf Aelian n. a. VI 15.

List verfallen sei ὁρμῇ τινι δαιμονίῳ: und später bei der Delphinenfahrt malt er in echt rhetorischer Weise die Meeresstille und des Himmels Sternenpracht aus, hebt auch die Schnelligkeit der Fahrt hervor (500 Stadien in ungefähr einer halben Nacht!), um daran die Bemerkung zu knüpfen: dies alles bezeuge θεοῦ κυβερνήσει γεγονέναι τὴν κομιδήν. — Bei solcher Auffassung, nach der Arion infolge göttlicher Einwirkung den richtigen Weg wählte, um den Absichten der Räuber zu begegnen, konnten, ja mussten die Verhandlungen des Arion mit den Schiffern wegen Erhaltung des Lebens wegfallen; und so ist es auch geschehen bei Plutarch sowohl wie bei Hygin. — Auch bei Ovid, der die Arionsage in den Fasten II 83 ff. behandelt, glaube ich, lässt sich noch deutlich merken, dass die angeführte Auffassung zugrunde liege. Wir lesen nämlich v. 103 f.: *Ille metu vacuus „mortem non deprecor" inquit, „Sed liceat sumpta pauca referre lyra."* Hätte der Dichter den Arion wohl den Schiffern gegenüber mit solchem Muthe auftreten lassen können, dass dieser es sogar verschmäht, sich auf Bitten zu verlegen, wenn nicht auch nach Ovid, bzw. nach seiner Quelle, Arion vermöge göttlicher Eingebung damit rechnete, durch seine List zum Ziele zu gelangen? Dieses verwunderliche Auftreten macht, dass wir ahnen und merken, was der Dichter nicht ausdrücklich aus seiner Quelle herübergenommen hat.

Bei dieser Auffassung nun, wo die Gottheit selbst im Spiele gedacht wird, konnte am leichtesten jener Zug eingefügt werden, dass der Delphin, welcher Arion gerettet hat, unter die Sterne versetzt wird, so bei Hygin sowohl wie bei Ovid.[11]) Dieses Moment, das noch durch einige andere Erwägungen, von denen unten die Rede ist, gestützt wird, lässt mich die Vermuthung wagen, dass die bisher erwähnten Abweichungen von der herodoteischen Darstellung — sie hängen mit den Motiven zusammen, denen der Gesang Arions entspringt — auf Rechnung einer **a l e x a n d r i n i s c h e n B e a r b e i t u n g d e r S a g e** zu setzen seien. Überhaupt scheint es mit der Verbreitung der Arionsage in voralexandrinischer Zeit gar nicht weit her gewesen zu sein. Jedenfalls muss es sehr auffallen, dass Aristoteles, obwohl er hiezu wiederholt Gelegenheit hatte, nie der Arionsage gedenkt. Durch die von den Alexandrinern eifrig betriebene Mythenforschung mag sie gleichsam wieder ans Licht gezogen oder vielmehr durch eine der Geschmacksrichtung der Zeit entsprechende Bearbeitung einer weiteren Verbreitung zugeführt worden sein. Die ursprüngliche, bzw. herodoteische Form der Arionsage scheint erst wieder von den Frontonianern hervorgeholt worden zu sein.

Um die übrigen Abweichungen Hygins und Plutarchs gegenüber der herodoteischen Erzählung klarzulegen, will ich zunächst den Schluss der Fabel H y g i n s hersetzen: Durch den Klang der Kithara und der Stimme Arions herbeigelockt, sammelt sich eine große Menge von Delphinen, und als sich Arion in die Flut stürzt, nimmt ihn ein Delphin auf seinen Rücken und trägt

---

[11]) Das Sternbild des Delphins ist aus der Arionsage auch erklärt bei Theon ad Arati Phaen. 312.

ihn ans Land.[12]) Der Delphin bleibt am Ufer liegen und stirbt daselbst.[13])
Periander, davon benachrichtigt, lässt ihn bestatten und ihm ein Denkmal
setzen.[14]) Als nach einiger Zeit die Schiffer, mit denen Arion gefahren war,[15])
durch einen Sturm nach Korinth getrieben wurden, ließ sie Periander sofort
rufen und fragte sie nach Arion. Sie sagten. Arion sei gestorben und begraben.
Als ihnen aber am nächsten Tage der König wegen dieser Aussage beim
Denkmale des Delphins den Eid abnahm, trat Arion, der einer Weisung des
Königs gemäß sich hinter dem Denkmale versteckt hatte, plötzlich in der
Tracht, in welcher er ins Meer hinabgesprungen war, hervor. Die Schiffer
ließ dann der König beim Denkmal des Delphins kreuzigen. *Apollo autem
propter artem cithqrae A r i o n e m et delphinum in astris posuit*, so schließt die
Fabel. Da aber auch in den astr. eine Verstirnung des Arion nicht vorkommt
und es bei Servius heißt: *Sed Apollo tam delphinum quam citharam ob
amorem Arionis inter sidera collocavit*, so muss man, insofern eine Verwechslung des Arion mit Orion für den Abschreiber nahe lag, mit M. Schmidt
die Überlieferung ändern in: *propter amorem Arionis citharam et delphinum
in a. p.*[16]) — An Plutarchs Darstellung ist vor allem bemerkenswert, dass
ein Steuermann dem Arion, der übrigens die bösen Absichten der Schiffsmann-
schaft auch selbst gemerkt hatte, den Plan der Schiffer, ihn in der Nacht
umzubringen, verräth. Dieser Zug, dass der Steuermann eine Ausnahme macht
von den übrigen Schiffern, ist wohl von Plutarch aus der Sage von den tyrrhenischen
Seeräubern herübergenommen.[17]) Plutarch sagt dann weiter: Auf göttliche
Eingebung tritt daher Arion in seinem vollen Ornate vor die Schiffer, um
einen pythischen Nomos für sein und ihr Wohl zu singen. Da konnte es
scheinen, als singe er gleichwie ein Schwan sein Sterbelied;[18]) da es während
des Gesanges spät geworden ist und der Peloponnes bereits sichtbar wird,

---

[12]) Bei Hygin astr. ist ausdrücklich Taiuaron genannt, in der Fabel aber ist die
betreffende Stelle interpoliert, so dass man lesen kann. Delphine hätten den Arion nach
Korinth getragen; zum Glück ist aber die Interpolation sicher.

[13]) Gleichsam gegen eine solche Version richten ihre Spitze die Worte Frontos:
Taenaro exponit, quantum fus erat in extimo litore.

[14]) Wie bei Hygin, so ist auch bei Bianor (Anthol. Pal. XVI 276) das Denkmal
durch Periander errichtet. Sonderbarer Weise errichtet bei Servius Arion selbst, noch ehe
er nach Korinth geht, dieses Denkmal im Heiligthume des Apollo (sic!, und zwar *delphini
signo insidentem se cum cithara posuit*. Zeigt so dieser ganze Passus gegenüber Hygins
Fabel, mit der doch Servius sonst ziemlich genau übereinstimmt, auffällige Abweichungen,
so sind die wörtlich angeführten Worte schon an sich merkwürdig, insofern wir uns darnach
im Denkmal von Taiuaron den Delphinreiter mit der Kithara in der Hand zu denken
hätten, was sonst nie berichtet wird.

[15]) Nicht von Bedeutung ist es, dass Hygin (in den fab. und bei Serv.) dem Arion
auf seiner Reise Diener beigibt, die sich mit den Schiffern gegen ihren Herrn verschwören,
während in den astron. überhaupt nur servuli genannt werden, die eben den Arion bei
seinen Kunstreisen begleiteten.

[16]) Oder soll man vielleicht lesen: *propter sortem Arionis citharam et delphinum in a. p.!*

[17]) Bei Ovid spielt der Steuermann eher die entgegengesetzte Rolle.

[18]) Denselben Vergleich finden wir bei Ovid, und im Grunde dieselbe Auffassung ist
es, wenn nach Hygin sowie nach Lukian dial. m. 8 und Nicolaus (Walz. Rhet. Gr. I 271)
in diesem Gesange Arions dessen eigene Klage über seinen Tod zu suchen ist.

zücken nunmehr — der Steuermann verhüllt sein Haupt — die Schiffer gegen ihn die Schwerter;[19] Arion aber springt ins Meer hinab und wird von Delphinen aufgenommen. Diese tragen ihn, einander abwechselnd,[20] ans Land. — Der Schluss der Erzählung musste infolge der Verwendung, welche die Sage bei Plutarch im Symposion gefunden hat, wegfallen.[21]

Oben haben wir für Hygin und Plutarch im Hinblicke auf die Stellung, die Arions Gesang in ihrer Darstellung der Sage einnimmt, Abhängigkeit von einer alexandrinischen Bearbeitung der Arionsage angenommen. Aus den eben angeführten Eigenthümlichkeiten Hygins und Plutarchs verdienen zur Unterstützung dieser Annahme zwei Momente besondere Beachtung: der Umstand, dass durch den Gesang eine M e n g e von Delphinen herbeigelockt wird, sowie der schöne Vergleich dieses Gesanges mit dem Liede eines sterbenden Schwanes. Beide Punkte, glaube ich, entsprechen ja vorzüglich der mit Vorliebe in schillernden Farben malenden Poesie der Alexandriner[22] und dienen somit als Bestätigung der von uns aufgestellten Vermuthung einer alexandrinischen Bearbeitung.[23]

Eine Mehrzahl von Delphinen wird noch erwähnt von Dio in der 32. Rede (Dind., I p. 421) und Lukian de nav. 19; von Plinius n. h. IX, 28; von Probus (Keil, p. 25) zu dem Verse des Vergil (Ecl. VIII 56): *Orpheus in silvis, inter delphinas Arion*, cf. Apul. Flor. II 17 (Hildebr., p. 80); ferner in den Schol. Bern. ad Verg. Ecl. VIII 56,[24] in den pseudoacronischen Scholien zu Horaz C. IV 3, 19, sowie in den Mythographi Vatic. (Bunte) I f. 95 u. II f. 172.

Den unter sich ziemlich verwandten Erzählungen der beiden Sophisten Nicolaus und Severus (bei Walz, Rhet. Gr. I 271 u. 538 = Westermann, Μυθογράφοι p. 362) eigenthümlich ist die als Kürzung im Grunde belanglose

---

[19] Mit dem Schwerte wird Arion auch bei Ovid bedroht.

[20] Dass darauf kein Gewicht zu legen, sondern dies lediglich eine dem Plutarch eigene Ausschmückung ist, ergibt sich daraus, dass sich dieser Zug sonst nie findet, wohl aber wieder von Plut. de soll. an. 36 angewendet wird in der Sage von Hesiods Leichnam.

[21] Dasselbe entsprach den Zwecken Ovids bei Verwendung der Erzählung in seinem Festkalender.

[22] Allerdings bringt auch der Verfasser des Corinthiacus den Vergleich mit dem Schwanengesang und die Menge der Delphine. Dies beweist aber nur, dass ihm die alexandrinische Bearbeitung bekannt war, und dass er in diesen beiden Punkten die rhetorisch wirksamere Version benützt hat. Etwas anders urtheilt Wilamowitz (Hermes XXV S. 224 Anm. 1), da ihm die Übereinstimmung in der „Menge von Delphinen" entgangen war. Mit Wilamowitz aber meine auch ich, dass Favorinus Herodot vor Augen gehabt hat. In der Auffassung der Hauptmomente der Sage war diese erste Quelle der Arionsage für ihn maßgebend, und auf Grund von Herodot hat Favorinus offenbare Unrichtigkeiten der neueren Version, z. B. dass Periander das Denkmal errichtet hat, direct abgelehnt. Vgl. Anm. 13.

[23] Auch Crusius in Pauly-Wissowa Realencykl. hat eine Bearbeitung der Arionsage durch einen hellenistischen Dichter vorausgesetzt. Doch weichen seine Aufstellungen über das Verhältnis der einzelnen Quellen der Arionsage von meiner Auffassung bedeutend ab. Vgl. schon Anm. 1.

[24] Publiciert von Hagen in Jb. f. cl. Phil. IV. Supplementb. p. 821. Nach einer keineswegs ansprechenden Conjectur an dieser Stelle soll Arion den Beinamen Delfinius gehabt haben.

Wendung, dass Arion von den Schiffern ins Meer geworfen worden sei. Damit stimmt auch das Epigramm des Bianor in der Anthol. Pal. IX 308. In diesem Epigramm wird übrigens auch gesagt, dass der Vorfall sich nahe dem tyrrhenischen Meere abgespielt, und dass der Delphin den Arion am korinthischen Isthmos ans Land gesetzt habe. (Vgl. die Interpolation in Hygins Fabel, s. Anm. 12.) Dies ist wohl auch nur durch eine Kürzung der Fabel zu erklären, insofern ja Arion wirklich von Tainaron weiter nach Korinth gieng. — Dass Lukian die Erzählung anknüpft an die Rückkehr des durch Periander mit großen Reichthümern ausgestatteten Arion von Korinth in seine Heimat, haben wir schon oben (Anm. 1) besprochen. — Wie bei Verg. Ecl. VIII 56 Arion mit Orpheus, so wird er bei Mart. Cap. de nupt. IX 908 mit Amphion, bei Ovid ars am. III 325 und Clem. Alex. Protr. I 1 mit Amphion und Orpheus zusammengestellt. Weniger fällt ins Gewicht, wenn bei Plut. soll. an. 36 sowie conv. sept. sap. 19 gerade hinter der Arionsage die Sage von Hesiods Leichnam angeführt wird; es werden eben Beispiele für die Menschenfreundlichkeit der Delphine angeführt.

Es erübrigt noch der Vollständigkeit wegen hinzuweisen auf die Verwendung der Arionsage in einer Witzelei des M. Caelius, bzw. der Siculer, wovon uns Quintilian inst. or. VI 3, 41 erzählt, ferner auf die kurzen Erwähnungen bei Martial VII 51, 15 f., Solin. XII 12, Prop. III 26 (21), 18, Oppian Hal. V 448 ff. und Exegese[23]) dazu (Dübner-Bussemaker, Paris, p. 369 a), Apul. Met. VI 29 (Hildebr. p. 503), Halieut. ed. Columna v. 68 (Poetae Lat. min., Paris, I p. 234); außerdem bei Philostr. imag. I 19, Aristid. II p. 125 (Dindorf), Sil. It. XI 448, Gregor Naz. in dem carmen Nicobuli patris ad filium v. 237 (Migne, III p. 1538), Schol. zu Aristoph. Ranae 1350 (Dind.), Cramer Anecd. Oxon. III p. 222, Doxopater (Walz, Rhet. Gr. II 331), vielleicht auch Hermogenes (ebenda I 16). — Aelian n. a. XII 45 erwähnt — und Crusius n. a. O. scheint geneigt zu sein, ihm dies zu glauben[26]) — an dem Denkmal von Tainaron folgendes Epigramm:

ἀθανάτων πομπαῖσιν Ἀρίονα Κυκλίος υἱόν
ἐκ Σικελοῦ πελάγους σῶσεν ὄχημα τόδε.

23) Eigenthümlich ist dieser Quelle die Gleichstellung des Arion mit Jonas: Ἀρίων, ὃν ἡ ἐκκλησία δοξάζει Ἰωνᾶν τὸν μακάριον προσέχων.

26) Auf die Inschrift von Thera (Kaibel, Epigr. gr. 1060), die Boeckh in d. Abh. d. Berl. Akad. 1836 p. 73 in folgender Weise ergänzt hat [Κυκλίδας Κ]ρ[ατ]ίνος ἀδε[λφε]ῖ[ῷῖ] Ἀρίω]ι, τὸν δελφῖ[νάν, μνημόσυνον τίκτεν], durfte sich Crusius nicht berufen. Die vorgeschlagene Ergänzung bleibt immer nur Vermuthung, und gerade dass das theraeische Denkmal vom „Bruder" aufgestellt sei, ist in der Inschrift nicht sicher gegeben: denn zwischen ἀδι und ι ist nur Raum für 2 Buchstaben, λφ aber würde nach Brauch jener theraeischen Inschriften durch 3 Zeichen zu schreiben sein. Wem aber etwa die Reste — οκικ̣νος verführerisch aussehen, der möge bedenken, dass wir auf der theraeischen Inschrift Nr. 24 bei B. den Namen Ἐοκίλῃς finden. Und sollte wirklich die Erfindung des Namens Κυκλίος als eines „redenden Namens" in so alte Zeit hinaufreichen? Übrigens möchte Kirchhoff, Stud. z. Gesch. d. gr. Alph., diese Inschrift am liebsten noch vor Ol. 40 ansetzen; und da soll noch früher auf Tainaron ein Denkmal des Dichters Arion gestanden sein, dem in Thera ein zweites nachgebildet worden wäre! — Wie ernst Crusius diese Inschrift nimmt, beweist auch der Umstand, dass er, wie es scheint, darauf seine Interpretation von Pind. Pyth. IV 17 stützt; vgl. Anm. 93. [S. Nachtrag!]

Dieses Epigramm aber findet sich nur noch wieder, ebenso wie der Anfang des von Aelian a. O. mitgetheilten, angeblich arionischen Hymnos, in Cramer Anecd. Oxon. III 352 (Schol. zu Tzetzes Chil. I 393). — Pausanias endlich erwähnt IX 30, 2 ein Bild des Arion auf dem Delphin, das die Boeoter auf dem Helikon aufgestellt hatten.

So haben wir denn die Arionsage durch die gesammte alte Literatur verfolgt. Die Grundzüge derselben sind seit Herodot dieselben geblieben. Wohl weisen einige Autoren Abweichungen von der herodoteischen Darstellung auf; indes man kann immer leicht den Ursprung dieser Abweichungen nachweisen. Nirgends waren wir in der Lage constatieren zu können, dass aus einer neben Herodot vorhandenen ebenbürtigen Quelle oder etwa aus localer Tradition geschöpft worden sei. Bedeutendere Änderungen scheint die Arionsage wohl durch eine Bearbeitung der alexandrinischen Zeit erfahren zu haben; doch auch diese sind aus der Geschmacksrichtung dieser Poesie leicht verständlich. Übrigens wurde bald wieder Herodot modern, und damit kam auch wieder die herodoteische Darstellung statt oder wenigstens neben der alexandrinischen Dichtung zur Geltung.

War so **Herodot grundlegend für alle Darstellungen der Arionsage**, so ist es begreiflich, dass wir auch unserer folgenden Untersuchung lediglich die herodoteische Darstellung zugrunde legen und alle Abweichungen späterer Autoren als belanglos unberücksichtigt lassen. Nach Herodots eigener Angabe ist aber seine Erzählung die korinthische, bzw. lesbische Sage — den Korinthiern und Lesbiern gehörte ja Arion als eigen zu —; insofern aber diese an das Weihgeschenk von Tainaron anknüpft, verweist sie deutlich für ihren Ursprung nach Tainaron, dem an sich der Dichter Arion gänzlich fern lag.

Und wie haben wir uns dieses **Denkmal von Tainaron** vorzustellen? Bürchner hat in der Zsch. f. Num. IX 109 ff. unter den Bildnissen historischer Privatpersonen auf Münzen auch die den Arion betreffenden gesammelt. Bei dem Umstande, dass die Arionsage gewiss gern und viel in der Heimat des Dichters erzählt wurde, ist es ja ganz begreiflich, dass wir den in der Sage gefeierten Delphinreiter auch auf Münzen der Stadt Methymna dargestellt finden, wie überhaupt gerade die Bewohner von Lesbos mit Vorliebe ihre berühmten und verdienten Mitbürger, wie Alkaios, Theophanes, Lesbonax, Sappho und Pittakos, auf ihren Münzen darstellten. Wir sehen da Arion halb bekleidet auf dem Delphin, in der R. das Plektron, in der L. die Lyra haltend. Von diesen Münzen aber gehört nur die eine Silbermünze aus der Sammlung Imhoof Newton travels in the Levant 1865 II p. 19 einer älteren Zeit an; die übrigen (Kupfermünzen) stammen alle aus später Zeit, zumeist aus der Kaiserzeit. Zu den bei Bürchner aufgezählten Münzen kommt noch hinzu aus Rasche lex. num. p. 626 eine aus der Zeit des Kaisers L. Verus und ohne ausdrückliche Bezeichnung des Prägeortes zwei Münzen aus der Zeit Alexanders des Großen bei L. Müller, numism. d'Alex. le Grand Nr. 981 und 982. Vgl. auch Head. hist. num. p. 486 f. Von dem Wiener Hofmuseum gehört hieher 16918, eine Kupfermünze aus der Zeit des Commodus. Im Katalog des Brit. Mus. (Troas, Aeolis und Lesbos) sind die hieher gehörigen Münzen verzeichnet p. 180, 181 und

183; dazu die Abbildungen auf pl. XXXVII 1, 4 und 8. — Bürchner vermuthet nun, dass das Bild dieser Münzen ein Conterfei sei desjenigen Bildes, das auf Tainaron stand. Jedoch gewiss mit Unrecht! Gegen diese Annahme spricht ja geradezu der Umstand, dass auf jenem Denkmal von Tainaron Arion keine Kithara trug. Bei Herodot wenigstens ist es ein einfacher Mensch, der auf dem Delphin sitzt. Die übrigen Nachrichten über dieses Denkmal — außer den oben bereits hiefür genannten noch: Severus, Nicolaus, Schol. zu Clem. Alex., Solin. VII 6 (nicht aus Plinius), ja selbst Paus. III 25. 7 [27]) — verrathen deutlich ihre Abhängigkeit von Herodot. Erst Servius lässt in jenem Standbild von Tainaron den Arion eine Kithara halten; doch darüber siehe Anm. 14. Freilich in der Sage selbst, und zwar schon in der Sagengestalt, wie sie bei Herodot vorliegt, war auch die Leier gegeben: Arion stürzte sich in vollem Ornate, also wohl auch mit der Leier, ins Meer. Wenn man daher wirklich den durch die Sage gefeierten Dichter Arion darstellen wollte, wird man wohl dem Delphinreiter die Leier in die Hand gegeben haben (vgl. Ovid Fast. II 82: *Lesbida cum domino lyram*); und so hat man sich etwa das von Paus. IX 30, 2 unter den Dichtern des Helikon angeführte Bild des Arion auf dem Delphin vorzustellen. Deswegen sind wir aber noch nicht berechtigt, das Gleiche für das Bild von Tainaron vorauszusetzen: Herodots Worte geben uns dieses Recht noch nicht.

Andererseits haben wir ein Recht, bei allen auf uns gekommenen Darstellungen von D e l p h i n r e i t e r n, w e l c h e d i e L e i e r i n d e r H a n d h a l t e n, an Arion zu denken.[28]) Freilich, wenn wir von jenen methymnaeischen Münzen absehen, finden wir diesen Typus äußerst selten. Und gleich die Münzen von Brundisium, die Welcker (Kl. Schr. p. 92) auch unter den Darstellungen des Arion anführt, sind davon auszunehmen. Diesen Delphinreiter mit der Lyra (Carelli CXX 23—25: Brit. Mus. p. 156, 17; Berlin, Dressel p. 213, 34 und 35; ferner Carelli 3—5. 7—22 und 26—36; Brit. Mus. 18—26; Berlin, Dressel 1—3, 6—31, 36—40; Paris, Walcher 98—101; Wien 2349—2423 u. 2439) hat eigentlich schon Eckhel d. n. v. I 1 p. 143 und Rasche l. n. I 1, 1606 für Arion erklärt, und Eckhel hat darauf hingewiesen, dass v i e l l e i c h t die Brundisiner geglaubt hätten, Arion sei bei seiner Seefahrt aus ihrem Hafen ausgelaufen. Doch mit Recht hat Bürchner a. a. O. diese gänzlich unbegründete Vermuthung zurückgewiesen. Arion hat mit Brundisium gar nichts zu thun; zudem zeigen gleich alte Münzen dieser Stadt den Delphinreiter auch ohne Lyra, und diese wenigstens hat bereits Mazocchius in seinem comm. in Herc. mus. tab. aen. Heracl. I p. 216b und 218a auf Taras bezogen. Mit Rücksicht darauf, dass der Delphinreiter von Brundisium ebenso wie der auf den Münzen

---

[27]) Dass Pausanias, wie u. a. Heberdey, Die Reisen des Pausanias p. 62, meint, Tainaron wirklich besucht habe, kann ich nicht glauben. Mir wäre sonst unbegreiflich, dass P. sogar weniger berichtet als Herodot, den er selbst citiert. Selbst das Attribut κιθαρῳδός bei Arion hat er aus Herodot herübergenommen; vgl. dagegen IX 30, 2.

[28]) Andere Motive der Arionsage sind überhaupt nie dargestellt worden. Kopps Deutung des Vasenbildes (Tischbein I 23) auf den von den Schiffern bedrohten Arion hat gebürend gekennzeichnet O. Jahn, Münchn. Vasens. p. CXIV Anm. 820.

von Tarent die verschiedensten Attribute aufweist.[29]) die. wie ich glaube. lediglich in dem Wesen und Treiben der betreffenden Stadt ihre Erklärung finden — die meisten Gegenstände finden sich übrigens auf tarentinischen Münzen auch einfach neben den Delphinreiter ins Münzfeld gesetzt[30]) — dürfen wir auch nicht der Lyra des Delphinreiters eine besondere Bedeutung beimessen. Die Lyra finden wir ja auch sonst in Münzstempeln von Küstenstädten. wie Thurium und Rhegium; auch auf tarentinischen Münzen archaischen Stiles (z. B. Brit. Mus. 33 und Evans. The horsemen of T. pl. I. 2) hält eine halbkniende Gestalt eine Lyra, und der von Evans im Journ. of Hell. Stud. VII p. 45 veröffentlichte Diskos von Tarent zeigt neben vielen anderen auf den Münzen wiederkehrenden Objecten auch eine Lyra; nach Petersen in Röm. Mitth. 1890 p. 216 findet sich die Lyra sogar in der Hand des Reiters einiger Tarentiner Votivreliefs. Dass wir auf den Münzen von Brundisium dieses Symbol so häufig finden, mag zum Theil Zufall sein. — Entschieden ohne Anlass hat ferner Wieseler das Bild einer jetzt verschollenen Vase (abgb. z. B. Schreiber, Culturhist. Atlas V 10) auf Arion bezogen. Müller. Dorer II p. 349. erkennt hierin richtig eine Travestie des tarentinischen Mythos von Taras. also ein Genre. wofür schon O. Jahn. Beschr. d. Münch. Vasens. p. CCXXVIII
● (mit Anm. 1426), die Phlyakographie Tarents verantwortlich gemacht hat. Zuletzt hat über die Phlyakendarstellung unserer Vase gehandelt Heydemann im Jb. d. k. arch. Inst. I S. 307. Unsicher ist auch die von Stephani (C. R. 1864 p. 211) angenommene Deutung auf Arion bei dem pompejanischen Wandgemälde (Helbig Nr. 1377, abgb. Mus. Borb. X 7. auch in Weisers Bilderatlas zur Geschichte), wo als Gegenstück zu der auf dem Rücken eines bärtigen Seekentauren sitzenden Thetis (Helbig Nr. 1321) ein lorbeerbekränzter Jüngling mit Plektron und Kithara dargestellt ist, der auf dem Delphin nach Frauenart sitzt. Beachtenswert scheint mir Helbigs Bemerkung (Wandgem. p. 308): „Es kann die Figur bei der Freiheit, mit welcher die spätere Kunst

---

[29]) Auf Münzen von Brundisium finde ich Kantharos, Zweig, Vase, Füllhorn. Nicht in diese Reihe möchte ich stellen die, wie auf vielen Münzen von Tarent. so hier fast überall beigefügte Nike, die beim Typus des Delphinreiters m. E. unzweideutig die göttliche, bzw. halbgöttliche Wesenheit desselben beweist. Wie diese Nike auf den tarentinischen und verwandten Münzen zu verstehen ist, wird nur klar, wenn der Delphinreiter nach rechts reitet. Dann fliegt Nike von hinten heran, um ihn zu bekränzen. Diese Stelle links vom Delphinreiter hat aber Nike auch dann inne, wenn der Delphinreiter linksain reitet. Da nun in dem gewöhnlichsten und ältesten Typus der Delphinreiter (Taras) die eine Hand ausgestreckt hält (vgl. Excurs II), konnte es bei den nach links reitenden Gestalten geschehen, dass es scheint, als trüge die ausgestreckte Hand die stets von links heranschwebende Nike. — Bemerken will ich bei dieser Gelegenheit, dass auch bei anderen Münztypen immer der Nike links ihr Platz angewiesen ist; als Ausnahme kenne ich nur Carelli Tarent (CXIV. 213 u. 214 (= Evans, The horsemen of Tarentum, pl. III 8 u. 7), ebenso Wien 2974, wo die beiden Pferdeköpfe auf der linken Seite keinen Platz für Nike ließen, ferner Wien 2836. Vgl. dagegen Evans a. a. O. IV 7 u. VII 4.

[30]) Evans a. a. O. ist in der Erklärung dieser Attribute und Symbole zum Theil entschieden zu weit gegangen. — Zwei Beizeichnungen des Reiterbildes von Tarent hat Seltmann zu deuten versucht in Zsch. f. Num. XIX p. 283 ff.

den Thiasos des Meeres gestalten durfte, recht wohl als ein Phantasiegebilde aus diesem Kreise betrachtet werden."[31]) Es ist dann, glaube ich, auch die Responsion der Gemälde auf gegenüberliegenden Wänden noch viel größer, als sie Trendelenburg, Arch.-Ztg. 1876 p. 6, erkannt hat. Mit mehr Recht können wir auf einer Terracotta aus der großherzoglichen Sammlung in Karlsruhe (abgeb. Walz Polychromie) in dem mit Chlamys bekleideten Jüngling, welcher die Leier spielend auf einem Delphin sitzt, Arion erkennen. Wenn endlich bei Apianus und Amantius, Inser. sacros. vet. (Ingolstadt 1534) unter den inscriptiones Thraciae (sic!) sich der Ovid nachahmende Vers „*pisce super curvo vectus cantabat Arion*" findet, und zwar unter einer Abbildung, die einen jugendlichen Zitherspieler auf einem Delphin zeigt, so darf m. E. diese Notiz nicht den Anspruch auf Glaubwürdigkeit erheben. Schon die ziemlich moderne Guitarre in der Hand des Jünglings, sowie der Ort, wo die Inschrift eingereiht ist (es scheint eine Verwechslung mit Orpheus vorzuliegen), legen Verdacht nahe. Die Herausgeber bezeichnen allerdings in der praefatio Cyriacus von Ancona als ihre Quelle. Man könnte nun an eine Unredlichkeit der Ingolstädter Professoren denken, da der Nürnberger Hartmann Schedel, welcher das Diarium des Ciriaco excerpiert und dessen Zeichnungen nachgezeichnet hat, unter den athenischen Sculpturen eine Zeichnung bringt, in der ein Knabe auf dem Delphin hingestreckt ist — ohne ein Instrument zu halten — mit der Überschrift: *Pisce super curvo vectus cantabat Orion* (sic!). Andererseits aber besitzen wir in Wien mit der Beischrift des Apian eine Handzeichnung von Dürer (Jahn, Popul. Aufs., Taf. VIII 4'), wo ein gereifter Jüngling, der in der Linken die Leier hält, von einem Delphin durch die Flut getragen wird; und merkwürdiger Weise ist der Dürer'sche Mercur, der mit der an seiner Zunge befestigten Kette verschiedene Menschen an den Ohren nach sich zieht, auf dem Titelblatte des genannten Werkes von Apianus und Amantius wiederholt. In letzter Linie mag daher der Delphinreiter des Apianus auf Cyriacus von Ancona zurückgehen; dieser selbst aber hat sich wieder einmal eine Fälschung erlaubt.[32]) Vergleiche Kubitschek in Arch. epigr. Mitth. a. Österr. VIII. — Um auch der neueren Kunst zu gedenken, erinnere ich an den Göttersaal der Münchener Glyptothek, wo von Peter von Cornelius auch der leierspielende Arion dargestellt ist.

---

[31]) Hinweisen ließe sich da auf den im Meeresthiasos als Delphinreiter vorkommenden Eros, dem auch Musikinstrumente in die Hand gegeben werden; ich erinnere vor allem an die Eroten des Nereidensarkophags des Louvres, dann an einen Achat des Mus. Medici (Mus. Flor. II 1. 1) und an die Münzen von Orra (Berlin, Dressel p. 220). — Den Gestalten des Meeresthiasos mag auch zuzuweisen sein die römische Terracotta des brit. Mus. (ob. II. ägypt. Saal, wo ein Mann auf dem Delphin nach Frauenart sitzt mit einem Tambourin in der Rechten.)

[32]) Gegen die eigentlich naheliegende Vermuthung, dass Apianus mit dem Delphinreiter und mit der begleitenden Inschrift von der Zeichnung Dürers abhängig sei — das Mercurbild auf dem Titelblatte böte eine Parallele —, hege ich, abgesehen von der rohen Zeichnung des Delphinreiters, der durchaus nicht an Dürer erinnert, vor allem das Bedenken, dass den Herausgebern doch nicht zugemuthet werden kann, sie hätten von selbst, und nicht durch einen Fälscher irregeführt, den Arion nach Thracien versetzt. Freilich kann nun nicht mehr leicht Jahns Annahme bestehen, dass die Composition des Mercurbildes

Als Kernpunkt der Arionsage, wie Kunst und Literatur sie uns überliefert haben, gilt mir der Delphinritt des Arion, während alle anderen Elemente der Sage leicht als Erweiterungen und Ausschmückungen erklärt werden können. Welcker hat allerdings in dem später ausführlich zu besprechenden Aufsatze (Kl. Schr. I p. 92) großes Gewicht noch auf einen zweiten Punkt der Sage gelegt, darauf nämlich, dass Arion von Räubern ins Meer hinausgeworfen wurde. Bei Welcker ist diese Behauptung mit Rücksicht auf seine Stellung zum Hymnos begreiflich; merkwürdiger Weise aber haben auch in jüngster Zeit noch Erklärer sich vielfach auf denselben Standpunkt gestellt. Und doch kann auch dieses Element der Sage als etwas Secundäres gefasst werden. Sobald man sich nämlich den Dichter Arion auf dem Delphin dachte, musste man sich ja fragen: wie kam Arion auf den Delphin? Indem man sich aber diese Frage beantwortete, konnte man sich nach Analogie anderer Fabeleien, wenn anders diese in so hohe Zeit hinaufreichen, sagen, der Dichter habe mit dem Delphin rege Freundschaft gepflogen, oder man musste den Dichter durch irgendeinen Zufall, bzw. Unfall, zum Delphin gelangen lassen. Es war dann nur eine glückliche Lösung dieser Frage, wenn man Arion als durch bösgesinnte Schiffer ins Meer hinabgestürzt dachte. An Seeräubern hat es damals gewiss nicht gefehlt, und das καταποντίζεσθαι durch Seeräuber blieb immer eine geläufige Vorstellung (cf. Isokr. 12, 226).

Der Delphinritt Arions aber, worin allein ich den Kernpunkt der Sage erblicke, kann nicht als historisch gelten. Denn wenn auch von den Alten angeblich sicher beglaubigte Beispiele von delphinreitenden Knaben angeführt werden, so sind diese an sich noch immer nicht derart beglaubigt, dass sie über allen Zweifel erhaben wären;[33] andererseits aber werden sie durch die modernen Erfahrungen nicht im geringsten bestätigt, sondern behalten für uns immer nur den Wert wunderlicher Fabeleien (s. Brehms Thierleben p. 703). — Der Delphin ist ja doch eine gefräßige wilde Bestie (cf. Hom. Φ, 22 ff.), und, wie Biedermann, Der Delphin, p. 12 hervorhebt, machen auch die geringen geistigen Anlagen des Delphins, der durchaus nicht den begabteren Thieren gleichzustellen ist, da seine Sinne ebenso stumpf zu sein scheinen als die des Wallfisches, die Wirklichkeit des Vorganges unmöglich. Übrigens hat auch schon im Alterthum der Delphinritt des Arion nicht immer Glauben gefunden. Es lässt sich dies wohl erschließen aus den Worten des Plin. n. h. IX 28; vgl. auch Strabo XIII 14. Doxopater a. a. O. gibt zugleich die „allegorische" Deutung: ὅτι πλοῖόν τι ὀνομαζόμενον δελφίς, ὅπερ τὸν Ἀρίονα ὑπεδέξατο καὶ διέσωσεν. Ebenso hat Tzetzes a. a. O. in seiner pragmatisierenden Art das Wunderbare abgestreift und als den wahren Gehalt der Sage die Thatsache hingestellt, Arion habe, als er einst schiffbrüchig geworden, den νόμος ὄρθιος gesungen und sei von phoenicischen Piraten ᾗ δελφινομόρφῳ aufgenommen und

erst von Dürer herrühre. Es widerspricht übrigens nicht der Natur Ciriacos, wenn dieser selbst jenes von Lukian in seinem Vortrage Hercules (Dind., Paris, p. 598 f.) beschriebene Bild gefälscht hat, zumal da er bekanntermaßen Mercur und seiner Kraft besondere Verehrung zollte.

33) Vgl. Excurs I.

nach Tainaron gebracht worden; sonderbarer Weise hat diese Interpretation einen Anhänger gefunden in Larcher. Notes sur Herodot I 24 (tome I p. 212). Dadurch ist allerdings noch nicht jede Möglichkeit abgewiesen, den Delphinritt des Arion als bildliche Einkleidung des historischen Factums zu betrachten, dass Arion aus der Gefahr, auf dem Meere umzukommen, auf irgendwelche wunderbare Art gerettet wurde. Ja, dieser Möglichkeit müssen wir noch genau nachgehen, da wirklich die meisten Erklärer soweit wenigstens die Arionsage für historisch halten. — Bei solcher Auffassung drängte sich natürlich den Erklärern von selbst die Frage auf: wer ist für diesen Tropus verantwortlich zu machen?

Nach Welcker hat die Hauptbestandtheile der Sage der Dichter Arion selbst geschaffen — in seinem Hymnos nämlich, den Welcker für echt hält, obwohl schon viele Gelehrte vor ihm die Echtheit des Hymnos anzweifelten. In diesem Hymnos heißt es ausdrücklich, dass den Dichter Schalke ins Meer warfen. Delphine aber an die Küste von Tainaron brachten. Nun halten wir inne. Wäre unter solchen Voraussetzungen eine Rettung des Arion möglich gewesen? Ist nicht vielmehr anzunehmen, dass die Schiffer in eigenem Interesse bei der Beseitigung des Arion vorsichtig genug zuwerke gegangen wären? Dies scheint auch Welcker gefühlt zu haben — ich beziehe darauf die Lehrs unverständlich gebliebenen Worte über den Schluss des Hymnos —; um daher den Hymnos zu retten, hat er nicht bloß den Delphinritt, sondern auch den im Hymnos ausdrücklich erwähnten Sturz ins Meer bildlich gefasst. Er sagt Kl. Schr. p. 95: „Da Arion eine wunderbar glückliche Rettung von räuberischen Nachstellungen, die er auf einer Seefahrt wirklich bestanden hatte, und deren Umstände in den Stil eines Dankhymnos an Poseidon nicht eingiengen, durch den Beistand der Delphine ausdrücken wollte, so war er genöthigt, die erfahrenen Angriffe oder Absichten auf sein Leben oder seine Habe in ein Stürzen in die See zu verwandeln." Also weil er das eine tropisch ausdrücken wollte, musste er sich beim anderen die Kühnheit erlauben, etwas ganz Heterogenes dafür einzusetzen! Es ist auch nicht so ganz ausgemacht, was Welcker weiter behauptet: „Wer den mythischen (im Sinne Welckers richtiger „tropischen") Ausdruck des ersten (d. i des Delphinrittes), der nicht neu war, verstand, konnte nicht darüber im Zweifel sein, dass auch das zweite (d. i. das Stürzen in die See) nur uneigentlich zu nehmen sei." Man denke nur an das fromme und leichtgläubige Volk jener Zeit, das sich hier gar noch einem gottgeliebten Sänger gegenüber sah! Namentlich wenn die Fabeleien vom Delphinritte wirklich nicht neu waren, konnte Arion auf eine richtige, der Wirklichkeit entsprechende Auffassung seines Hymnos nicht rechnen. Nein, Arion müsste eine Täuschung beabsichtigt haben, wenn er diesen Hymnos geschrieben hätte. Und konnte denn Arion überhaupt seine Rettung ohneweiters durch den Beistand der Delphine ausdrücken, wie er es nach Welcker wollte? Lag ihm dieser Tropus so nahe? Auf Enalos und Koiranos durfte sich Welcker für Arion nicht berufen. Denn beide werden von Delphinen gerettet, da sie Gefahr laufen, im Meere zu ertrinken: Arion aber sollte nach Welcker nicht aus Gefahren, die ihm vom Meere als solchem drohten, gerettet worden sein, sondern aus räuberischen Nachstellungen. Die Seefahrt kam doch erst in zweiter Linie in Betracht. Ferner versuchen wir nur einmal, uns bei jenen Angriffen auf das Leben des Arion und bei jener wunderbaren Rettung etwas Bestimmtes vorzustellen. Ich kann mir bei Welckers Stellung in dieser Frage die Sache nur so denken: Die Schiffer wollten Arion umbringen; das geschah aber nicht, weil ein Ereignis eintrat, welches die Schiffer für ein τέρας ansahen, das sie von ihrem Vorhaben zurückbrachte. Ein solches Ereignis konnte z. B. ein von Poseidon erregter Sturm sein; ja, ich will sogar annehmen, dass etwa das Erscheinen einer ungewöhnlich großen Menge von Delphinen die Schiffer hätte schrecken können. In jedem Falle ist der Delphinritt als Tropus für jenes τέρας zu gesucht, ja geradezu unwahrscheinlich, weil eigentlich Arions Delphinfahrt gesetzt wäre für die aus irgend einem Anlass erfolgte Umstimmung der Räuber. Ob wir also den Hymnos eigentlich oder uneigentlich verstehen wollen, die Autorschaft des Arion für diesen Hymnos ist, wie wir gezeigt haben, eben mit Rücksicht auf den Inhalt unmöglich. Dazu kommt, dass schon K. O. Müller und Lehrs (Vgl. auch Bergk. Poetae Lyr. Gr.[4] p. 79 f.) wegen des Dialects und aus anderen formellen Gründen den Hymnos dem Arion abgesprochen haben. [34]) Dadurch wird auch Welckers Erklärung für die Entstehung der Arionsage hinfällig.

Andere Gelehrte, die auch eine endlich glückliche Seereise des Dichters Arion als historisch gelten lassen, verweisen bei der Erklärung der Arionsage auf das von Herodot erwähnte Denkmal auf Tainaron. Und zwar soll es entweder Arion selbst gewesen sein, der diese Allegorie in seinem Geiste schuf und dieser seiner Vorstellung durch jenes Denkmal Ausdruck gab, von dem aus sich die Sage im Volke verbreitete und entwickelte; oder Arion ist ganz unschuldig daran, und das Volk hat durch Missdeutung eines Denkmals, das auf Tainaron vorhanden war, im Hinblick auf jene Reise Arions die Sage von Arions Delphinritt geschaffen.

Ein Vertreter der ersten Ansicht [35]) ist z. B. Boeckh in den Abhdlgn. d. Berl. Akad. 1836 p. 73 f., aus neuerer Zeit nenne ich Flach, Gesch. d. gr. Lyrik 1 352 ff. Für Boeckh ist das Substrat der ganzen Erzählung eine thatsächliche Rettung des Arion aus Seegefahr, in dem Weihgeschenke auf Tainaron aber habe Arion diese seine Rettung allegorisch ausgedrückt, erfüllt von einer phantastischen Vorstellung, nach welcher er diese Rettung einem Delphin zu-

[34]) Auf Welckers Seite steht meines Wissens nur noch Bunsen, Gott in der Weltgesch. I 374. Welcker selbst scheint allerdings in Kl. Schr. Anm. 24* zur Annahme Boeckhs hinzuneigen, wornach ein Nomendichter aus der guten Zeit der Lyrik für dieses Gedicht und somit auch für die Entstehung der Sage auf Grund eines wirklichen Ereignisses angegebener Art verantwortlich zu machen sei. Indes dadurch wird mein oben erhobener Einwand kaum merklich verschoben. — Für die Bestimmung der Abfassungszeit dieses Hymnos möchte ich nur darauf hinweisen, dass nach einer Beobachtung, die wir oben bei der Beurtheilung der literarischen Quellen der Arionsage machen konnten, die Mehrzahl der Delphine, die zu Arions Rettung erscheinen, den Hymnos von der in der alexandrinischen Zeit erfolgten Bearbeitung der Sage abhängig erscheinen lässt.

[35]) Schon Heyne, Comm. Goetting. XIV p. 117, hat den Ursprung der Sage von der wunderbaren Rettung Arions aus dem „Bild des Arion" auf Tainaron hergeleitet.

schreiben zu müssen glaubte. Welche Umstände der Phantasie diese Richtung geben konnten, darüber hat sich Boeckh nicht ausgelassen. Ich will anführen, was Baur in Symb. und Myth. (Stuttg. 1824) in diesem Sinne sagte: "Arion wählte das Bild eines Delphins, weil dieser gerade mehrere für diesen Zweck passende Symbole in sich vereinigte. Der Delphin war wegen seiner Schnelligkeit das Symbol einer glücklichen Seefahrt, weswegen ihn mehrere Städte, wie z. B. eben das alte seemächtige Tarent, woher Arion kam, zu ihrem Symbol hatten; er war aber nicht bloß ein sanftmüthiges und wohlwollendes Thier, das den Menschen in Gefahren gerne seine Hilfe schenkte, sondern auch als ein dem Menschen befreundetes Wesen empfänglich für die Anmuth des Gesanges und der Musik und daher ein dem Dichter und Sänger eigenthümlich zukommendes Symbol." — Auch hier müssen wir ebenso wie gegenüber dem von Welcker gemachten Versuch, den Hymnos in diesem Sinne zu deuten, die Frage stellen: konnte Arion voraussetzen, dass man das Denkmal allegorisch verstehen werde, oder musste er nicht vielmehr wissen, dass er das Volk täuschen werde? Jedenfalls lässt sich kein zweites Beispiel, dass ein Dichter von solch einer phantastischen Vorstellung ergriffen worden wäre, aus so alter Zeit anführen. Wenn sich Boeckh darauf beruft, dass selbst Pindar glaubte, Pan habe in den Bergen eines seiner Gedichte gesungen, und dass diesem Wunderglauben ein Gedicht Pindars entsprungen sei, so wäre dieses Beispiel wohl schon hinsichtlich des Alters und hinsichtlich der Art der Gunstbezeigung nicht zutreffend; dazu kommt aber, dass diese Behauptung Boeckhs bezüglich Pindars gar nicht einmal richtig oder wenigstens sehr unwahrscheinlich ist.[36]) Und das, was oben anlässlich der Besprechung des Hymnos über diese Allegorie gesagt wurde, gilt auch bezüglich des Denkmals, vielleicht sogar in höherem Maße, da es doch einen Unterschied macht, ob solch einer phantastischen Vorstellung die Sprache mit ihren rasch verwendbaren Mitteln oder der bildende Künstler mit den ihm zugebote stehenden trägeren Mitteln Ausdruck geliehen haben soll. Endlich muss es nicht geradezu als Überhebung[37]) erscheinen, wenn Arion, als er zum

[36]) Vgl. L. Schmidt, Pindars Leben und Dichtungen p. 25: "... Man muss es äußerst unwahrscheinlich finden, dass Pindar in einem Gedichte von einer Vision dieser Art gesprochen ... Er sollte in einem zum öffentlichen Vortrag bestimmten Gedichte sich eines Vorzugs gerühmt haben, wie er sonst nie einem sterblichen Dichter zutheil geworden? Sonst pflegten die Menschen alles Herrliche in diesem und anderen Gebieten des Schaffens durch Eingebung der Götter zu empfangen, dass aber die Götter den Menschen ihre Lieder nachsingen, ist unerhört. Offenbar ist die Sage durch ein Zusammentreffen verschiedener Missverständnisse entstanden, zu denen wohl die in vielen Erzeugnissen des Dichters bemerkte Dunkelheit geführt hat." — Man könnte deshalb meinen, Pindar habe, um den begeisternden Einfluss des Gottes auf seine Kunst hyperbolisch auszudrücken, gesagt: Pan hätte durch Pindars Mund gesungen. Aber vielleicht liegt die Sache einfacher, und wir sind noch in der Lage, den Anlass zu dieser nur spät und schlecht bezeugten Sage aufzudecken. In Fr. 97 (Bergk⁴) sagt Pindar von Pan: τὸ σαρπὸν μέλος γλάπεις d. h. "Du singst Dein gewöhnliches Lied." Konnte nicht ein superkluger Erklärer des Pindar diese Stelle so deuten: "Du singst das Lied, das Dir von mir zugeeignet ist?" Aus dieser falschen Interpretation konnte sich die Nachricht des Eustachios und des βίος leicht entwickeln.

[37]) Diesem Einwand hat vermuthlich Flach begegnen wollen, als er p. 352 folgende kühne Erklärung aufstellte: "Vielleicht hatten die Schiffer, von der göttlichen Macht des

Dank für seine Rettung dem Poseidon ein Weihgeschenk stiftete, sich selbst darstellte, und zwar in einer Weise, wodurch er allen Zeiten als θεοφιλής erscheinen musste? Die Votivstatuetten von Olympia und Cypern böten doch keine passende Parallele.

Die besprochene Annahme, Arion selbst habe dem Meergotte sein Bild als *signum celeriter et bene peractae navigationis* aufgestellt, hat schon 1827, also lange bevor Boeckh sie vertrat, K. Lorentz, de origine veterum Tarentinorum, p. 19 zurückgewiesen. Derselbe hat aber auch schon p. 20 den Gedanken abgewehrt[38]), in dem Denkmal ursprünglich einen Poseidon zu erblicken, wie das in neuerer Zeit wieder Flach (s. Anm. 37) gethan hat. Der gemeingriechische Poseidon als Delphinreiter dargestellt wäre etwas Ungewöhnliches;[39]) und wenn er möglich wäre, so hätte in einem Heiligthume, wo der Poseidoncult gepflegt wurde, kein Zweifel über die Bedeutung eines Poseidonbildes aufkommen können. — Lorentz selbst äußert eine Ansicht, welche ihn in die oben charakterisierte zweite Gruppe jener Forscher stellt, die gleichfalls die Arionsage aus dem Denkmale ableiten; er hat dabei Creuzer und O. Müller zu Vorgängern.

Creuzer in Opusc. sel. p. 3—19 (Mythorum ab artium operibus profectorum exemplum proponitur) geht von der Voraussetzung aus, dass der Delphin ob seiner von den Alten viel gerühmten φιλομουσία leicht zum Symbol der Poesie und des Gesanges werden konnte. In Tainaron nun sei ein altes Bild gestanden, das einen Delphinreiter darstellte und ursprünglich ein Symbol der Schiffahrt gewesen sei. Als die Bedeutung dieses Bildes unklar geworden war, sei mit Rücksicht auf jene Beziehungen des Delphins zur Poesie, vielleicht auch unter Mitwirkung der Erinnerung an eine einstmalige gefährliche Seefahrt des Arion, jenes Bild auf den gefeierten Sänger Arion bezogen worden; begünstigt wurde diese Missdeutung angeblich durch die antike Auffassung, der zufolge die Dichter θεοφιλείς waren. Im Grunde denselben Standpunkt wie Creuzer nimmt auch O. Müller (Dorer II p. 369) ein[40]), nur dass er ein wirkliches Erlebnis

---

Sängers überzeugt, in der höchsten Noth ihn um einen Hymnos gebeten, und sie waren dem Sturm entronnen. Und hier bei Tainaron, wohin sie sich gerettet hatten, wurde jene allegorische Gruppe aufgestellt, der Dichter von den musikliebenden Delphinen getragen." Flach freilich traut sich offenbar selbst nicht recht. Denn über dieses damals errichtete Denkmal fügt er gleich Folgendes bei: „Vielleicht aber sollte diese Gruppe Poseidon auf dem Delphin darstellen." (Über diese Vermuthung siehe Anm. 39.) Auf p. 354 aber kehrt Flach wieder zur Vermuthung zurück, dass der Dichter selbst dargestellt gewesen sei, und entschuldigt die Allegorie des Arion mit dem Hinweis auf die Erzählungen von Enalos und Koiranos. Wie wenig diese Entschuldigung ausreicht, beweist am besten die von Flach selbst gemachte Annahme: „Die Volksdeutung nahm die Sache ernst und bezog die Darstellung auf die Musikliebe dieser Thiere." Das — musste Arion trotz oder wegen Enalos und Koiranos voraussehen.

[38]) Es entspricht also nicht der Wahrheit, wenn Welcker, Kl. Schr. 91 Anm. 15, sagt, dass gerade Lorentz in dem Denkmal einen Poseidon erblickte.

[39]) Ganz mit Unrecht beruft sich Flach a. a. O. auf Paus. X 36, 7; denn hier hat Poseidon den Delphin nur in der für ihn charakteristischen „ausdrucksvollen Art des Stehens" als Erhöhung unter dem Fuße. Vgl. p. 40 ff.

[40]) Den an dieser Stelle gegebenen Ausführungen Müllers schloss sich, ohne sich in diese Ansicht mehr zu vertiefen, einfach an Plehn, Lesbiaca p. 166.

des Arion, nämlich eine glückliche Seefahrt des Arion von Tarent nach Griechenland, worauf Creuzer noch nicht viel Gewicht legen wollte, mit allem Nachdruck für die Erklärung zuhilfe nahm. In dem Bilde von Tainaron aber will Müller, wie er sich in der Literaturgeschichte (4. Aufl. S. 343 Anm. 2) deutlich ausdrückt, ein Bild des Taras erkennen. Um die Übertragung der Tarassage auf Arion zu erklären, legt allerdings Müller außer auf die Musikliebe der Delphine noch ein besonderes Gewicht darauf, dass Arion von Tarent nach Tainaron ebenso gefahren sei wie Taras, bzw. die tarentinische Colonie, von Tainaron nach Tarent. Indessen dieser Gedanke ist zu wunderlich [41]), als dass ich mich im folgenden darauf zu beziehen brauchte. Creuzer-Müller denken sich also die Sache so: In Tainaron war ein altes Bild, dessen ursprüngliche Bedeutung (Symbol der Schiffahrt, bzw. Taras) man einst nicht mehr verstand. Indem man nun über die Bedeutung des Bildes nachdachte, soll man sich angesichts des Delphins der φιλομουσία dieses Thieres bewusst geworden sein und daraus geschlossen haben, dass der Delphinreiter ein Dichter sein müsse. Nun habe man etwa gewusst, dass Arion einmal in Tainaron nach gefährlicher Seefahrt glücklich gelandet sei; daher ist, so schloss man weiter, der Delphinreiter des Denkmals der Dichter Arion. Dass dieser es selbst aufgestellt habe zum Danke für seine Rettung, wäre dann nur ein Gedanke, der wie die ganze Arionsage unter solchen Voraussetzungen gewiss leicht sich entwickeln konnte. Aber — sind denn diese Voraussetzungen gestattet? Abgesehen davon, dass sich für die φιλομουσία der Delphine kein älterer Beleg findet als bestenfalls Pindar Frg. 235 [42]), ist es denn so natürlich, dass man bei einem Bilde, das in einem Poseidonheiligthume aufgestellt war, angesichts des Delphins zunächst an die φιλομουσία der Delphine dachte? — Müller selbst sagt deshalb, dass neben der Musikliebe „vielleicht noch ein anderer Umstand" bei der Entstehung der Sage helfend hinzukam. — Und war denn die endlich glückliche Landung des Arion in Tainaron, wenn sie historisch war, für die Taenarier von solcher Bedeutung, dass diese noch nach vielen Jahren davon erzählten und Arion sogar schließlich in einer Sage verherrlichten, durch die sie selbst so gut wie nichts, der den Korinthiern und Lesbiern angehörige Dichter aber an Ruhm bedeutend gewann?

Lorentz, der gleichfalls das Bild von Tainaron ursprünglich einen Taras sein lässt, aufgestellt von den Tarentinern nach einer glücklichen Landung in Tainaron, bringt nichts Neues zur Unterstützung dieser Ansicht bei. Denn mit dem Hinweis darauf, dass in Tarent viel von der φιλανθρωπία der Delphine gefabelt wurde, ist hier gar nicht gedient.

Bevor ich weitergehe, will ich noch erwähnen, dass man bei der Ableitung der Arionsage aus dem taenarischen Denkmal die Voraussetzung braucht, dass dieses Denkmal wenigstens schon in die Zeit Arions zurückgehe. Ich muss da

---

[41]) Noch kühner ist der Gedanke Sittls (Griech. Lit.-Gesch. I 316), dass ein tarentinischer Seefahrer, namens Arion, das Bild des Taras auf Tainaron aufgestellt habe.

[42]) Nicht dagegen darf man sich berufen auf Frg. 1; siehe darüber Schneidewin in Neue Jenaer Literaturzeitg. 1845 p. 1094. Überhaupt wird in früherer Zeit gewöhnlich die Schnelligkeit der Delphine gerühmt.

erwähnen, dass schon seinerzeit Welcker (Kl. Schr. p. 92) es als wahrscheinlich hingestellt hat, es sei im Poseidontempel zu Tainaron das Weihgeschenk ebenso wie nachher das Epigramm erst auf Grund der Arionsage untergeschoben worden. Und auch Sittl, Griech. Litgsch., I 316 scheint in das Alter des Bildes von Tainaron Zweifel zu setzen. — Allerdings liegen zwischen Arion und Herodot gewiss 150 Jahre ; aber gerade die einzige Nachricht des Herodot über das Aussehen des Bildes (οὐ μέγα), sowie der Umstand, dass nichts von einer Leier des Delphinreiters gesagt wird, lassen mir die Zweifel an dem Alter des Bildes als unberechtigt erscheinen. Wären sie berechtigt, so würden freilich schon dadurch alle angeführten Herleitungen der Arionsage aus dem Denkmale von Tainaron hinfällig.

Also weder aus dem Hymnos noch aus dem taenarischen Denkmal hat sich in Anlehnung an eine nach großer Gefahr schließlich glückliche Seefahrt des Arion die Sage vom Delphinritt des Dichters Arion erklären lassen. Und muss denn auch gerade ein historisches Factum in der Arionsage poetisch verkleidet sein? Die Analogie ähnlicher Fälle spricht eher fürs Gegentheil. Es gibt ja Beispiele genug, wo an einen historischen Namen sich eine Reihe rein erfundener Fabeln angesetzt haben, ohne dass man dahinter ein historisches Factum erblicken dürfte. Wer wollte in den verschiedenen Fabeln von der Todesart großer Männer einen historischen Gehalt suchen? So wie bei diesen Fällen nichts geschichtlich ist als der Tod, der eben keinem Sterblichen erspart bleibt, die Fabel von der Todesart aber keinerlei historische Beziehungen enthält, so braucht auch in der Arionsage nichts weiter historisch begründet zu sein, als was wir uns auch sonst vorstellen dürften, dass nämlich Arion Reisen gemacht habe. Es ist durchaus nicht nöthig, dass gerade ein besonderer Unfall, eine besondere Gefahr auf einer solchen Reise den historischen Hintergrund für unsere Erzählung abgebe. Lehrs geistreicher Aufsatz (Rhein. Mus. VI p. 65 ff., wiederholt in Populäre Aufsätze aus dem Alterthum) muss bei jedem Leser wenigstens den Eindruck hinterlassen, dass der historische Standpunkt gegenüber derlei Wundererzählungen von vornherein nicht gerade der richtigste ist.[13]

Aber ebensowenig kann ich mich entschließen, jene Erklärung zu billigen, die Lehrs selbst a. a. O. aufgestellt hat. Weit entfernt, aus der Arionsage ein wahres Factum herauszuschälen zu wollen, leugnet er geradezu jeden historischen Ursprung der Sage und führt sie auf eine „ethische Veranlassung" zurück. „Und diese ethische Veranlassung," sagt er p. 204, „liegt in den drei Erzählungen, die ich absichtlich zusammenstellte, von Arion, Ibykos und

---

[13]) Eine andere historische Erklärung gibt zwar noch W. M. Schmidt, Diatribe in dithyr. Indes für diese Erklärung gilt alles oben über die Versuche einer historischen Erklärung Gesagte in noch viel höherem Grade. Er nimmt nämlich für seine Ansicht, dass der Dithyramb von Italien herübergekommen sei, auch ein Argument aus der Arionsage und meint, die Fabel sei von Arion selbst oder seinen Angehörigen erdichtet worden, *qua vatis de notationibus merita* (nämlich die Erfindung des Dithyrambos) *atque memoria exornarentur.* Ich verweise bloß auf die gründliche Widerlegung Schmidts durch F. V. Schneidewin in Neue Jenaer Literaturz. 1845 p. 1093 ff. Treffend wird da bemerkt: „(Diese Angehörigen hätten einsehen sollen, dass sie es geschickter anfangen mussten, um die merita nicht vielmehr zu obscurieren (statt zu exornieren)". Vgl. auch Hartung im Philologus I p. 401.

Simonides. wie mich dünkt, deutlich genug vor Augen und in allen dreien ein und dieselbe: die Dichter stehen im besonderen und vorzugsweisen Schutz der Götter.* Diese Idee lebhaft empfindend, habe das Volk unbewusst seine Gefühle in der Arionsage verkörpert. — Wenn wir auch bei der Phantasie des Volkes eine solche Productivität an Symbolik für Gefühle und Vorstellungen zugeben wollten, so lässt sich doch gerade der Arionsage gegenüber Lehrs' Standpunkt als verfehlt erweisen. Denn ist die Sage bei den Korinthiern entstanden, dann begreifen wir nicht, warum der Schauplatz der Erzählung nach Tainaron verlegt ist. Hatten denn die Korinthier nicht den isthmischen Poseidon? Hätte durch Einbeziehung desselben die Sage nicht sogar noch gewonnen? Wenn es aber eine bei den Taenariern entstandene Sage sein soll — und das ist sie auch wirklich; denn hätte sie hier nicht ihren Ursprung genommen, so wäre ihre Existenz hier ganz unbegreiflich — dann müssen wir fragen: waren denn die Taenarier solche Freunde der Poesie, dass sie sogar zu einer solchen Fabel vorschritten, die einen sie nicht tangierenden Dichter betraf? — Übrigens könnte man die von Lehrs in der Arionsage als wirkend erkannte Idee höchstens in der oben auf die Alexandriner zurückgeführten Sagenform vorfinden, nicht auch schon in der ältesten uns durch Herodot bekannten Gestaltung der Sage. Lehrs gibt dies eigentlich selbst zu, da er p. 206 sagt: „In der Geschichte des Arion hat Herodot die Idee nicht deutlich ausgesprochen, was spätere Erzähler mehr und minder thun; doch sie schwebt unsichtbar, aber fühlbar über seiner Erzählung.* Ich meine sogar, dass die Grundidee der herodoteischen Erzählung eine ganz andere ist. Schon die Alten haben zumeist die Arionsage zusammengestellt mit Amphion und Orpheus. Und bemerken wir, Arion soll sich bei Herodot sofort ins Meer stürzen. Da bittet er, seinen Tod wenigstens noch etwas hinauszuschieben und ihm zu gestatten, dass er singe. Er singt. Doch der Gesang macht auf die Schiffer keine Wirkung; böse Menschen kennen keine Lieder, sie sind zu verstockt, gemeine Habsucht verschließt sie gegen jede Rührung durch die Kunst: dagegen kann der Gesang seine Wirkung nicht verfehlen, wenn nicht böser Wille der Wirkung des Gesanges entgegenarbeitet; selbst ein Delphin wird durch den Gesang bezaubert. In dieser Wirkung auf das unvernünftige Thier, wie bei Orpheus auf die leblose Natur, feiert die Macht des Gesanges ihren höchsten Triumph. Nicht also die Fürsorge der Götter für das Wohl dessen, der ihren Cult in ausgiebiger Weise fördert, sondern die Macht des Gesanges, so zu sagen des Dichters eigene Kraft hat sich bethätigt. Erst die Alexandriner haben einen Zug in die Sage hineingebracht, durch den die Lehrs'sche Ansicht gerechtfertigt erscheinen könnte: da bittet Arion, ὅρμᾳ τιν' δαιμονίῳ, ohne sonst viel wegen Erhaltung seines Lebens mit den Schiffern zu verhandeln, lediglich um die Erlaubnis, singen zu dürfen. Auch das Wunder des Delphinrittes lässt sich dann als eine weitere Consequenz jener Fürsorge der Götter verstehen — θειῇ κυβερνήσει γίγονε ἡ κομιδή —. Aber in der herodoteischen Fassung der Sage kann, wie gesagt, diese Idee noch nicht als wirkend angesehen werden. — Die Macht des Gesanges selbst jedoch, die w i r jetzt als die Grundidee der herodoteischen Erzählung hingestellt haben, können wir nicht als das treibende Element bei der Sagenbildung auffassen.

Denn diese kann wohl soweit gehen, dass Delphine durch den Gesang bezaubert werden, das Wunder des Delphinrittes aber wird durch diese Idee noch nicht erklärt. [44])

Noch immer also ist der Kernpunkt der Sage, als den wir ja den Delphiuritt erkannten, unerklärt.

Zu einer richtigen Erklärung der Arionsage gelangt man m. E. nur durch Heranziehung einer Reihe alter Sagen, die, an verschiedenen Localen zerstreut, und unter sich sowohl wie von der Arionsage unabhängig, zur behandelten Erzählung über Arion eine so zutreffende Analogie bilden, dass sie zur Zusammenstellung herausfordern. Und diese Zusammenstellung erbringt den Beweis, dass die Arionsage nicht ins Gebiet von Wunderfabeln zu stellen sei, die eine historische oder ethische Veranlassung haben, dass sich vielmehr ein mythisches Element an die Person des Dichters Arion angesetzt habe. [45])

Von diesen analogen Sagen nenne ich vor allem die tarentinische Gründungssage.

Wenn Tarent z. B. von L. Annaeus Florus I 18 (Bipont.) genannt wird *semigraeca ex Lacedaemoniis conditoribus civitas*, so erklärt sich dies bekanntlich durch eine lakonische Besiedlung Tarents. Und zwar soll der Überlieferung zufolge [46]) im Jahre 708 der Lacedaemonier Phalanthos mit seinen Partheniern den Einheimischen das Gebiet von Tarent im Kampfe abgenommen haben.

---

[44]) Nach den im Texte gegebenen Auseinandersetzungen über Lehrs' Ansicht kann ich mir wohl eine Besprechung der höchst gekünstelten Erklärung Potts erlassen, der in der Arionsage die Gefahren dichterischer Begeisterung (μανία, furor) und die davon erlösende Kraft des Liedes ausgedrückt sehen will. In Zsch. f. Völkerpsych. u. Sprachw. XIV p. 9 sagt er: „In sinniger Weise wird, sollte ich meinen, durch den Schutz, welchen sogar der stürmische Ocean dem Sänger angedeihen lässt, nicht nur der Sturm der Begeisterung und Leidenschaft angedeutet, welcher in des letzteren Innerm wogt und tobt und ihn zu verderben droht, sondern auch die Rettung daraus. Die Macht der Töne zwingt nicht bloß alles, was ihm zuhorcht, selbst wenn es des Lebens ermangelt, sondern wirkt auch befreiend von Übeln und reinigend auf den, welchem jene Gabe verliehen ist." — Andere Gelehrte vereinen gleich zwei der bisher zurückgewiesenen Ansichten. Peter im Commentar zu Ovid Fast. l. l. sieht die Veranlassung zur Entstehung der Sage in dem Erzbilde von Tainaron und lässt die Sage sich weiter ausbilden „durch den Glauben an den besonderen Schutz der Götter, dessen sich die Dichter erfreuen". Eine allgemeinere Fassung gab dieser Ansicht Stein im Comm. zu Herodot l. l.: „Der aus Anlass jenes mehrdeutigen Denkmals entstandenen Legende liegt der Gedanke zugrunde, dass hingebende Frömmigkeit nicht unbelohnt bleibe, wie in der von Kleobis und Biton."

[45]) Es ist dies auch bereits von meinem verdienten Lehrer O. Keller, Thiere d. class. Alterthums, Innsbr. 1887, in dem Artikel „Delphin", der theilweise schon früher in Nr. 181 der Wiener Zeitung 1883 erschienen war (vgl. dazu Kellers Bemerkung in seinem Referat über diesen Aufsatz bei Bursian XL p. 385), und von G. Biedermann, Der Delphin in der dichtenden und bildenden Phantasie der Griechen und Römer, Halle a. S. 1881, Progr. d. Stadtgymn., richtig erkannt worden. Ich nenne — wegen der systematischen Behandlung des Gegenstandes — nur diese beiden, wenn auch schon andere vorher gelegentlich diesen Weg für die Erklärung der Delphingeschichten betreten hatten, z. B. Preller, Ausgew. Aufsätze p. 246 f.

[46]) Ich verweise kurz auf Doehle, Gesch. Tarents. Straßbg. in E. 1877, Progr. d. Lyc.

Als mythischer Gründer aber, beziehungsweise als Stadtheros gilt Taras. [47]) Von Phalanthos wird nun bei Paus. X 13, 10 erzählt, dass er vor seiner Ankunft in Italien im krisaeischen Golfe Schiffbruch gelitten habe und von einem Delphin ans Land getragen worden sei. [48]) Nun wissen wir aber durch Aristoteles (bei Pollux IX 80), dass die Tarentiner auf ihren Münzen Taras als Delphinreiter darstellten, eine Nachricht, die durch eine große Reihe zum Theil älterer Münzen bestätigt wird. [49]) Leider hat uns Aristoteles von des Taras Delphingeschichte nicht mehr erzählt. Dass er mehr wusste, glaube ich aus dem Hinweis auf tarentinische Delphingeschichten in seiner Thiergeschichte IX 48 (239) entnehmen zu können [50]); dies beweist aber, dass die von Aristoteles gegebene Deutung des Delphinbildes auf Taras sehr ernst zu nehmen sei. Insofern also beide Gründer Tarents, Taras und Phalanthos, zum Delphin in Beziehung gesetzt waren, lässt sich die gelehrte Combination begreifen, die wir über das Verhältnis dieser beiden Personen bei Probus zu Verg. Georg. II 197 finden: *Dicitur autem Tarentus (Taras) Neptuni filius Lacedaemonia civitate ex Saturia Minois regis Cretensium filia procreasse filium. hunc proiectum naufragio facto delphinus in Italiam evexisse dicitur, cuius hodieque testimonium manet, nam in municipio Tarentinorum hominis effigies in delphino sedentis est.* Unter dem genannten Sohne ist wohl Phalanthos gemeint, wenn auch dessen Schiffbruch nach Pausanias im krisaeischen Meere stattfand. Freilich ob der Grammatiker auch im letzten Satze noch an Phalanthos dachte, und nicht vielmehr wieder an Taras, mag zweifelhaft sein; denn im folgenden ist wieder von Taras die Rede: *a Saturia uxore eum locum Saturia appellasse fertur et postea ei loco ex suo nomine nomen Tarentum imposuisse.* Serv. aber zu Aen. III 551 bringt die Version, dass Phalanthos die gegründete Stadt benannte, und zwar nach einem *sepulcrum, cui inscriptum erat Tarae nomen.* Offenbar hat Probus, um die Identität der beiden Städte Saturia und Tarentum zu construieren, verschiedene Quellen combiniert und dabei Nachrichten über Taras und Phalanthos vermengt. Man könnte also sogar aus Probus einen Beleg für den delphinreitenden Taras erschließen; es muss ja doch die tarentinische Delphingeschichte vorhanden gewesen sein, um an Stelle der krisaeischen dem Phalanthos angedichtet werden zu können.

---

[47]) So ausdrücklich bei Serv. zu Verg. Aen. III 551: *Taras condiderat, auxerat Phalantus* und zu Gerg. IV 126. Vgl. Paus. X 10, 6 ff.

[48]) Der Zusammenhang dieses Delphinrittes mit der Besiedelung Tarents durch Phalanthos ist in den Worten des Pausanias eigentlich nicht direct gegeben, wenn man nicht etwa den Text des Pausanias in der Weise umgestalten wollte, dass Phalanthos Schiffbruch litt, als er sich für seine ἀποικία das einige Capitel vorher erwähnte Orakel holte. Dort allerdings, wo doch ausführlich von der Colonisation Tarents die Rede ist, weiß Pausanias nichts von dem Delphinritte des Phalanthos. — Über das Werk des Onatas aber (Paus. X 13, 10) vgl. Excurs II.

[49]) Siehe Excurs II. — Derselbe Typus wurde auch von anderen Städten als Münzbild verwendet; er findet sich ferner wieder auf dem aus Stilo stammenden Deckziegel (Notizie degli scavi di antichità, 1891 p. 65, wo allerdings, gerade nach den tarentinischen Münzen zu schließen, bei der Vermuthung über das Alter mindestens um 100 Jahre zu hoch gegriffen ist).

[50]) Auf diese Stelle geht zurück Antigon. Caryst. h. m. 55 (Keller) und Plin. n. h. IX 28.

Wie haben wir uns gegenüber diesem tarentinischen Sagengewirre zu verhalten? — Die vordorischen Bewohner von Tarent[31]) verehrten als ihren Städtegründer Taras: Von dieser mythischen Person erzählte man sich eine Delphingeschichte, deren Niederschlag in der Darstellung des delphinreitenden Taras auf den tarentinischen Münzen gegeben ist. In historischer Zeit folgte die lakonische Besiedlung Tarents. Es entspräche nun ganz wohl der vielfach[32]) wiederkehrenden Art der Dorer, an den vorgefundenen Sagenbestand anzuknüpfen und ihn dorisch umzugestalten, wenn ebenso in Tarent die dorischen[33]) Epoeken jenen Mythos von der ersten Stadtgründung auf die zweite Stadtgründung übertragen hätten; doch wegen der von Aristoteles verbürgten Thatsache, dass der jugendliche Delphinreiter der tarentinischen Münzen als Taras zu deuten sei, vielleicht auch wegen der Nachricht von einem Heroon des Taras sind wir wohl nicht einmal zu dieser Annahme berechtigt. Vielmehr erst in späterer Zeit scheint Tarent ein Interesse daran gefasst zu haben, den Ruhm der dorischen Epoekie zu erhöhen, und in dieser Absicht scheint man nun die Geschichte von Taras auf Phalanthos übertragen und auch ihm göttliche Ehren erwiesen zu haben.[34]) Die Phalanthossage brauchte sich dann nicht einmal zu decken mit der Tarassage, wenn nur schließlich nicht mehr Taras den Delphinritt vor Phalanthos voraus hatte. Nur so erklärt sich mir einerseits die an die krisaeische Gründungssage anklingende Nachricht von einem Schiffbruch des Phalanthos im krisaeischen Golfe, der erfolgt sein könnte bei der Befragung des delphischen Orakels vor Ausführung der Colonie, andererseits die schon erwähnte Nachricht des Arist. h. a. IX. 48, welche doch wohl auch auf Taras zu beziehen ist, die aber nach der Umgebung zu schließen nicht leicht von einem Schiffbruch des jugendlichen Poseidonsohnes verstanden werden kann. (Vgl. p. 58 in Excurs II.) — Gewissheit allerdings haben wir m. E. hier in Tarent nur bezüglich des einen Punktes, dass Taras, der Stadtheros, als delphinreitender Knabe gedacht wurde. Das ist aber für unseren Zweck augenblicklich wenigstens die Hauptsache. Wichtig für das Verständnis der historischen Persönlichkeit des Taras ist noch der

---

31) Nach Antiochus von Syrakus (bei Strabo VI p. 278) waren Kreter unter Iapyx nach Tarent verschlagen worden (cf. Cornificius Longus bei Servius zu Verg. Aen. III. 332; bei Probus a. a. O. ist die Minostochter Saturia Gattin des Taras). Immerhin mag hinter dieser Nachricht ein Körnchen Wahrheit stecken; vgl. Studniczka, Kyrene p. 186. Nicht so leicht würde ich zugeben, dass in der oben Anm. 46 besprochenen Notiz des Pausanias über den Schiffbruch des Phalanthos im krisaeischen Golfe ein Hinweis liege darauf, dass Tarent vom nordpeloponnesischen Achaeerland aus gegründet worden sei.

32) Vgl. z. B. Thraemer, Pergamos S. 37 ff, 112 ff, und Colliguon, Gesch. d. griech. Plast., übersetzt von Thraemer, I S. 66 Anm.

33) Dass es nicht reine Dorer waren, will ich im Hinblick auf die an den Namen der Parthenier geknüpfte Sage zugeben. Dagegen, dass es nur Achaeer waren, welche Tarent damals colonisierten, kann ich auch nach den Ausführungen Geffckens in Fleckeisens Jahrb. f. cl. Phil. CXLIII (1893) p. 177 ff. nicht glauben. Warum sollte man durch Schaffung der bekannten Legende von selbst die freien Ehesitten Spartas ad absurdum geführt haben? Und wie verträgt sich mit Geffckens Ansicht das Verhältnis zwischen Sparta und Tarent in späterer Zeit? Es hat doch nicht etwa auch dann noch die Tendenz bestanden, eine einstige Verlegenheit des Staates zu verwischen.

34) Letztere werden ja erst bestätigt durch Iustin. III 4, 18.

stemmatische Punkt, den Taras in der Verwandtschaft einnimmt: er ist der
Sohn des Poseidon (Arist. bei Poll. 1. 1.) und schon dadurch in seinem Wesen
deutlich charakterisiert. Wenn in Schol. zu Hor. carm. I 28, 29 Phalanthos
Sohn des Poseidon genannt wird, kann dies nach dem oben Gesagten nicht
mehr Wunder nehmen.[55] Dieser Poseidonsohn begründete nach derselben
Quelle auch den Cult des Poseidon, der bekanntlich in Tarent eine große
Rolle spielte.[56] Den poseidonischen Charakter des Taras hat auch erkannt
Biedermann a. a. O. S. 10, ebenso Doehle a. a. O. p. 21. Auch Studniczka,
Kyrene, S. 184 kann ich hier anführen, nur dass bei ihm Phalanthos die Rolle
des Taras spielt.

Auch aus der Überlieferung von der Colonisation der Insel Lesbos ist
hier eine Sage anzuführen, die Sage nämlich, die sich an einen „Enalos"
genannten Stein in einem lesbischen Poseidonheiligthume knüpfte. Diesen Stein —
Polypen trugen ihn angeblich bei einem Sturme an den Strand bis zum Heiligthume des Poseidon — soll Enalos, einer von den Führern der lesbischen
Colonisten, also einer der lakonischen [57] Penthiliden, dem Poseidon geweiht
haben; E. war mit der für Amphitrite und die Nereiden ins Meer geworfenen
Tochter [58] des Smintheus (Phineus), eines dieser Führer, ins Meer gesprungen,
aber durch einen Delphin ans Ufer getragen worden. So lässt Plutarch beim
Gastmahl Cap. XX den Pittakos erzählen, der, bevor er seine Erzählung beginnt,
darauf hinweist, dass diese Sage durch viele Schriftsteller bezeugt sei. In
Plutarch de soll. anim. 30, wo wir ein kürzeres, vielleicht aber gewissenhafteres
Referat derselben Sage finden, wird Myrsilos, der Verfasser einer lesbischen
Localgeschichte, als Gewährsmann für diese Erzählung angeführt. [59] Jedesfalls
haben wir es hier mit einer alten lesbischen Localsage zu thun, welche sich
an jenen Stein im Poseidontempel anknüpfte, der offenbar ursprünglich eine
alte Cultusstätte primitiver Art, ein einfacher Altar, war, sodass darnach jener
delphinreitende Enalos in der Sage gewissermaßen als ein Priester des Poseidon
erscheint. Abgesehen davon, dass schon der Name den Enalos als ursprünglichen Meergott verräth, tritt dessen Beziehung zu Poseidon auch in der sonst

---

[55] Die Verwechslung des Taras und Phalanthos zeitigte bei den Gelehrten noch
andere Früchte: nach Serv. zu Verg. Aen. III 551 gilt, wie sonst Phalanthos als Spross des
Herakles gerühmt wird, bei einigen Taras als Sohn des Herakles, und er wurde sogar zum
Anführer der lacedaemonischen Epoekie gemacht.

[56] Hor. carm. l. l. heißt Neptun „sacer custos Tarenti".

[57] Die lakonische Heimat der Epoekie hat nachdrücklich verfochten Tümpel in der
unten besprochenen Schrift p. 14.

[58] In dem Artikel Kallone (3) bei Roscher, Lex. d. Myth. II Sp. 936, vermuthet
Tümpel für dieses Mädchen den Namen Kallone. — Nach Plutarch conv. wurde gleichzeitig
dem Poseidon ein Stier geopfert; bei diesem Stiere kann man sich erinnern an den angeblich aus der Herde des Poseidon stammenden schwarzen Stier, der bei Philostrat imag.
p. 363 als Opferthier für Melikertes genannt wird, in welchem Wilisch, Jb. f. d. Phil. 1878
p. 727, den Vertreter früherer Menschenopfer erkennt. Vgl. Anm. 66.

[59] Tümpel erklärt — „nicht ohne Willkür" (Back in Bursians Jb. 66. Bd. S. 311)
— den Lesbier Myrsilos für die letzte Quelle der ganzen Überlieferung; und Crusius in
Philologus 1898 p. 173 macht bei Besprechung des ἦχος des Bakchylides einen Meliker
für die Gestaltung der Enalossage verantwortlich. Vgl. p. 45.

knappen Version der Enalossage zu Tage, wie sie nach Antikleides von Athenaeus XI p. 466 gegeben wird. Enalos erzählt da bei den Methymnaeern, ὅτι ἡ μὲν παρθένος παρὰ ταῖς Νηρηίσι διετρίβεν, αὐτὸς δὲ τὰς τοῦ Ποσειδῶνος ἵππους ἔβοσκεν. Deutlich stehen da Enalos zu Poseidon und die Penthilidentochter zu Amphitrite in gleichem Verhältnis.

Biedermann und fast auch Keller haben die Enalossage übergangen. Dagegen hat mit großer Gelehrsamkeit diese Sage ausführlich behandelt K. Tümpel, Bemerkungen zu einigen Fragen der griechischen Religionsgeschichte, Neustettin 1887, Progr. d. Hedwig-Gymn. S. 1—15. Vgl. auch dessen Artikel Kallone in Roschers Mythol. Lex. Den poseidonischen Charakter des Enalos hat auch er nachdrücklich betont. Freilich kann ich mich im einzelnen mit seinen Ausführungen nicht einverstanden erklären. und ich muss näher darauf eingehen, weil viele seiner Erörterungen den Bereich meiner Untersuchung streifen. Für Tümpel liegt der religiöse Kern des Hauptmythos unserer Sage in der altbekannten Culthandlung des „leukadischen Sprungs", in dem καταποντισμός, der hier mythisch verbunden gedacht wird mit dem Motiv des Brautraubes durch den delphingestaltigen Todesgott der Tiefe — diesen chthonischen Charakter legt er dem Tiefengotte Enalos bei; ja indem er sich die Frage zu beantworten sucht: wie kommt der Tiefengott zur Fischgestalt? gelangt er gar zur Annahme eines Fischahnencults —. Unstreitig ist die ins Meer hinabspringende Jungfrau ein bedeutsames mythisches Element der Sage. Dieses aber hatte m. E. mit dem delphinreitenden Enalos ursprünglich gar nichts zu thun, und erst dadurch, dass diese beiden Motive miteinander verknüpft wurden, kam dann noch der Sprung des Enalos auf, der an sich auch Tümpel auffällig erscheint. Dass die beiden mythischen Elemente wirklich ursprünglich getrennt waren, dafür glaube ich einen Anhaltspunkt einerseits darin zu finden, dass über die Rettung der Jungfrau durch den Delphin, welcher den Enalos trägt. in der Überlieferung nichts sicher verlautet,[60]) andererseits darin, dass zwischen dem Theil der Sage, welcher von dem Steine, der Cultstätte des Enalos, handelt. und demjenigen Theile, der von dem Sprunge ins Meer handelt, ein Zusammenhang nicht gut herzustellen ist. Sobald wir aber in dem Sprunge des Enalos ein secundäres Element finden, ein später geschaffenes Bindeglied zweier ursprünglich getrennten mythischen Elemente, zu dem man umso lieber griff, als dadurch auch eine Erklärung des delphinreitenden Enalos gegeben war, fällt auch Tümpels Erklärung für den Sturz des Enalos, dass nämlich der Todesgott Enalos ursprünglich sein Opfer in eigener Gestalt holte. Was ferner den Sprung der Jungfrau betrifft, so glaube ich, dass er richtig von Tümpel zusammengestellt wird mit dem Sprunge der Ino und Halia Leukothea, vielleicht auch mit Kalyke und Sappho. während ich z. B. die Bestrafung der Tempelschänder in Delphi und ihre Sühnopfer nicht, wie Keller a. a. O. S. 227, damit zusammenbringen möchte. Bei den genannten mythischen καταποντισμοί

---

[60]) Die einzige Nachricht darüber bei Plut. conv. C. 20 (cf. Schluss des C. 19) verliert schon dadurch ihren Wert, dass eigentlich doch nur Enalos — ohne die Jungfrau — bei den Lesbiern wieder erscheint.

muss es aber auffallen, dass gerade nur weibliche Wesen das angebliche Opfer des Gottes werden und dass das Ziel des Sprunges immer das Meer ist. [61]) Zeigt dieser Umstand nicht deutlich genug, dass auch hinter diesen κατακοντισμοί lediglich eine Variante des Motivs der Schatzgewinnung steckt, von dessen gewöhnlichster Form, nämlich der Form des Kampfes um den Schatz, hier allerdings nur die letzte Scene vorliegt? Durch den Sturz der Penthilidentochter gewinnt das Meer — und so Enalos — seine Braut.[62]) Vgl. den Wassermann der nordischen Tiefen, der das Mädchen zu sich in die Fluten hinabzieht. Die verschiedenen Leukotheen sind also nichts anderes als Nereiden, locale Wiederholungen der Amphitrite, der Gattin des Meergottes.

Ganz parallel der Enalossage geht die bekannte Sage von Palaimon, dem Sohne der Meerfrau Leukothea.[63]) Auch Palaimon wird von einem Delphine ans Land getragen, und hier, nämlich am korinthischen Isthmos, wird er auch durch einen Cult geehrt; vgl. bes. Paus. I 44, 11. — Derselbe wird als Melikertes der Kadmostochter Ino zum Sohne gegeben, die, von dem rasenden Athamas verfolgt oder selbst von Wahnsinn getrieben, sich mit ihm vom molurischen Felsen zwischen Megara und Korinth ins Meer gestürzt haben soll.

Auch hier scheinen zwei ursprünglich getrennte mythische Elemente verknüpft zu sein: der Sprung der Ino-Leukothea, durch den diese mit ihrem Gatten vereint wird (Aristid. or. 3, 43: ἐρασθῆναι Ποσειδῶνα Λευκοθέας; vgl. Anm. 61), und der delphinreitende Palaimon.[64]) Das zweite Element mochte

[61]) Nicht so bestimmt lässt sich behaupten, dass der Tod der Zweck des Sprunges ist, wie dies sowohl für Kellers wie für Tümpels Ansicht nothwendig wäre.

[62]) Als Braut bzw. als Gattin hat der Volksglaube sie gewiss gekannt, denn nur so war es möglich, den Delphinreiter und die Penthilidentochter in der Weise miteinander zu verbinden, dass man sagte, er sei aus Liebe ihr nachgesprungen. — Auch Tümpel hat, wie bereits oben erwähnt wurde, an das Motiv der Schatzgewinnung gedacht, aber bei der Umschlingung der Jungfrau durch Enalos, also nicht in dem ursprünglichen Theile der Sage. — In demjenigen Theile der Sage, der als Anhang bei Antikleides (Athenaeus) erscheint, ist an Stelle der gewonnenen Braut der goldene Becher getreten.

[63]) Anstatt besondere Nachweise dieser Sage zu bringen, beziehe ich mich auf Preller, Griech. Mythol. p. 601 ff., und Roscher, Mythol. Lex. II Sp. 2011 ff. u. Sp. 2683 ff.

[64]) Aus der Verbindung des delphinreitenden Palaimon mit der sich ins Meer stürzenden Ino ruhrt m. E. die gewöhnliche Vorstellung, dass der Knabe todt ans Land gesetzt wurde. So bei Luk. nav. 19, bei Tzetzes ad Lycophr. 107 und wohl auch bei Paus. I 44, 8 (τιμαὶ ἄλλαι καὶ ἀγών;); bei Paus. II 1, 3 und im Mythogr. Vatic. II 79 wird auch von der Bestattung des Leichnams gesprochen, und Paus. II 2, 1 erwähnt gar in dem sogenannten Adyton das Grab des Palaimon; Euripides lässt in Med. 1282 ff. die Ino an ihre Kinder Hand anlegen, bevor sie sich ins Meer stürzt. — Doch fehlt es auch nicht an Spuren von Palaimon-Melikertes als lebendigem Delphinreiter. Selbst Philostrat. der doch imag. II 16, 2 stark an Pausanias II 2, 1 und II 1, 3 erinnert, denkt sich — vielleicht eben doch auf Grund einer von Pausanias verschiedenen Quelle —, dass der Knabe auf dem Delphine schlafend ans Land getragen wurde; in dem im isthmischen Heiligthume von Herodes Atticus gestifteten Kunstwerke (Paus. II 1. 7) steht Palaimon aufrecht auf dem Delphin; lebendig ist er wohl auch gedacht in den Bildwerken, welche Aristides I pg. 46 (Dind.) im Auge hatte, und Claudianus de nuptiis H. et M. 156 lässt ihn geradezu den Delphin lenken. Korinthische Münzen, welche Palaimon auf dem Delphin darstellen — sie gehören allerdings erst der römischen Zeit an (vgl. die bei Roscher verzeichneten Schriften, insb.

hier Nahrung und Festigung erhalten haben durch [65]) eine in dieser Gegend gewiss nicht auffallende vorgriechische Cultgestalt ähnlicher Wesenheit; der Name Melqart ist ja in der gräcisierten Form Μελικέρτης nicht zu verkennen, und Learchos, der dem Melikertes als Bruder gegeben wird, ist doch nur die griechische Übersetzung des phoenicischen Wortes (Gruppe, Griech. Mythol. p. 135). In diesem Melqart [66]) haben die Griechen ihren Palaimon wiedererkannt, was zur Folge hatte, dass Palaimon nur für einen jüngeren Namen des Melikertes aufgefasst wurde. [67]) — Wie Leukothea sich mit der Tochter des Smintheus deckt — auch L. wird von den Nereiden aufgenommen —, so entspricht dem Enalos vollkommen Palaimon. Palaimon galt als schützender Meergott (vgl. z. B. Eur. Iph. T. 270 f.: ὦ ποντίας παῖ Λευκοθέας, νεῶν φύλαξ δέσποτα Παλαῖμον); sein poseidonischer Charakter zeigt sich aber auch darin, dass sich in dem Palaimonion innerhalb des περίβολος des isthmischen Poseidontempels gerade ein Bild des Poseidon neben dem der Leukothea befand [68]), sowie insbesondere in der Verquickung des Palaimoncults mit den poseidonischen Isthmien. Gerade durch den letzten Punkt aber ist auch die Palaimonsage hinsichtlich ihres Alters gesichert.

Eine merkwürdige Sage hat der Delphinritt des **Theseus** gezeitigt. Delphine sollen ihn zum Hause des Poseidon getragen haben, als er ins Meer sprang, den von Minos hinabgeworfenen Ring zu holen. Die Sage von diesem Besuche des Theseus im Hause des Poseidon, seines göttlichen Vaters, war

----

Imhoof-Gardner im Journal of Hell. Stud. VI p. 59 ff. und Heads Catalog der korinth. Münzen des Brit. Mus.; beifügen kann ich Lampros, Ἀναγραφὴ τῶν νομισμ. (Peloponnes) p. 24 u. 26) — zeigen uns denselben allerdings meist liegend, aber auch sitzend oder stehend. Aber, was bei dem Alter der Zeugnisse von größter Bedeutung ist, die korinthischen Pinakes des Berliner Antiquariums — ich beziehe auf Palaimon (Furtwängler Berl. Vasens.) Nr. 779 (abgeb. Ant. Denkm. II Taf. 24, 29) und infolge der von Pernice (Jahrb. d. d. archäol. Inst. 1897, pg. 18) vorgenommenen Ergänzung auch Nr. 470 — zeigen ihn nur reitend und stimmen so zu der Vorstellung, welche mir als die ursprüngliche gilt. — Vielleicht können wir auch noch den Grund errathen, warum man sich später den Knaben lieber todt aus Land getragen, denn gerettet dachte: es waren dann die isthmischen Spiele ebenso wie die nemeischen immer wiederkehrende Leichenspiele. (Unrecht hat dann E. Rohde, Psyche, p. 141 f.)

[65]) Dass in Korinth verschiedene Stämme zusammengeflossen sind, ist allgemein anerkannt; die Arbeiten zur alten Geschichte Korinths sind zusammengestellt von Wilisch, einem eifrigen Erforscher korinthischer Geschichte, am Schlusse des Gymn. Progr. Zittau 1887 und ergänzt im Gymn. Progr. Zittau 1896. Für das Verhältnis von Melqart-Melikertes-Poseidon vgl. auch Biedermann a. a. O. p. 14. — Gruppe a. a. O. allerdings meint, dass Melqart erst von den orientalisierenden Tyrannen in Korinth eingeführt worden sei. — Vgl. jetzt auch Reinach in Revue archéol. 1898 p. 59 f.

[66]) Dem barbarischen Moloch ist gewiss auch zuzuschreiben das Kindesopfer (vgl. Anm. 58), welches die Aeoler von Tenedos dem Melikertes brachten (Schol. Lycophr. 229); richtig hat, glaube ich, Wilisch in Fleckeisens Jb. f. cl. Phil. 1878 p. 728 dabei einerseits erinnert an den Versuch der Medea, ihre Kinder unsterblich zu machen, andererseits an das Sühnfest der Korinthier, bei dem 7 Knaben und 7 Mädchen betheiligt waren. Vgl. Roscher, Myth. Lex. II Sp. 2493 f.

[67]) Insofern die Griechen Melqart mit Herakles identificierten, verstehen wir leicht, wie auch dieser zu dem Namen Παλαῖμων kam (Keil, Inscr. Boeot. p. 84 n. 186).

[68]) Auch in den oben genannten Weihgeschenke des Herodes Atticus befindet sich Palaimon unter den Meeresgottheiten.

uns bis vor kurzem nur wenig bekannt. Hygin erzählt sie astr. II 5, wo
er von dem unter die Sterne gesetzten Kranze der Ariadne spricht, und
Pausanias I 17, 3 muss diese Sage berühren, weil sie einem Gemälde Mikons
im athenischen Theseion zugrunde lag; dazu kommen einige Vasenbilder: der
Krater des Museo civico zu Bologna (Mon. d. Inst. XII 21), die Euphroniosschale (Baumeister, Denkm. Abb. 1877), die Amphora Tricase (Röm. Mittheilgn.
IX Taf. 8) und der Pariser Krater [69]) (Mon. d. Inst. I 52). Diese Quellen
für die genannte Sage stimmen keineswegs überein. Darum war es nicht von
geringer Bedeutung, als nun auch die jüngst entdeckten Dichtungen des
Bakchylides einen neuen Beleg für unsere Sage brachten; diese Sage lieferte
nämlich den Stoff zu dem XVII. Gedicht, 'Hίθεοι ἢ Θησεύς, einem für den
keischen Chor zur Aufführung auf Delos geschriebenen Paean. Ich will, da einzelne Details auch für unsere Zwecke recht interessant sind, die Sage nach
Bakchylides hersetzen.

Als Minos mit Theseus und den übrigen Opfern, 14 Athenerkindern, im
kretischen Meere fuhr[70]), wollte er sich an einer der athenischen Jungfrauen,
Eriboia[71]), vergreifen, welche sein Wohlgefallen erregt hatte. Da wirft sich
Theseus zum Beschützer der Bedrängten auf, und um seinem Auftreten gegenüber dem Könige von Knossos, dem Zeussohne, Nachdruck zu geben, weist
er hin auf seine Abstammung von Poseidon. Dadurch erbittert, fleht Minos zunächst zu Zeus, durch einen Blitzstrahl zu beweisen, dass er sein Vater sei —
und Zeus erfüllt sofort seine Bitte [72]; dann aber streift Minos einen goldenen
Ring von seinem Finger, wirft ihn in die Wogen und verlangt von Theseus,
er möge, wenn anders er mit Grund sich Poseidons Sohn zu sein rühme, den
goldenen Reif aus der Meerestiefe heraufholen. Unerschrocken schwingt sich
Theseus hinab in die Meeresflut. Rasch tragen ihn Delphine des Meeres [73])
zum Hause seines göttlichen Vaters, wo die glänzend geschmückten Nereus-
töchter sich erfreuen an Spiel und Tanz. Amphitrite [74]), seines Vaters hehre
Gemahlin, kleidet in herrlichen Purpur ihn und drückt auf das Haupt ihm einen
goldenen Kranz von Rosen, den als Hochzeitsgeschenk Aphrodite ihr einst hat

---

[69]) Von Gaedechens gedeutet auf des Glaukos Empfang bei Poseidon. In der vom
Schol. zu Platos Rep. X p. 611 gegebenen Form hat die Glaukossage thatsächlich einige
Ähnlichkeit mit unserer Theseussage.

[70]) Nach Hygin könnte man meinen, dass sich der Vorfall am Gestade der Insel Kreta
abgespielt habe.

[71]) Bei Pausanias heißt die Jungfrau Periboia.

[72]) Dieser Zug ist bei Pausanias ausgelassen, kehrt aber bei Hygin wieder.

[73]) Von den Delphinen finden wir bei Pausanias keine Erwähnung, wohl aber bei Hygin;
ja hier ist sogar von Nereiden die Rede, und zwar sollen diese ihm den Ring gegeben haben.
Dasselbe ließe sich eigentlich auch für die dem Pausanias bekannte Version annehmen. Bei
Bakchylides aber ist die herrliche Ausschmückung des Theseus durch die Göttin gewiss ein
vollgiltiger Beweis für die göttliche Herkunft des Helden, so dass der Dichter auf die Über-
gabe des Ringes verzichten durfte.

[74]) So auch Pausanias; Hygin nennt Thetis, fügt aber bei, dass andere die Gattin
des Poseidon nennen.

gegeben. [75]) Ausgestattet mit diesen glänzenden Gaben der Göttin stieg wieder empor aus den Fluten der Held, für alle ein Wunder.

Damit hat Bakchylides, wie Robert im Hermes 1898 p. 130 ganz richtig hervorhebt, in den Hauptsachen gewiss nur die seiner Zeit geläufige Sagenform wiedergegeben. [76]) Und Robert mag Recht haben, wenn er den Kranz der Amphitrite, bzw. der Ariadne für altes Sagengut hinnimmt. Dagegen vermag ich Robert nicht zu folgen, wenn ihm die Schilderung, wie Theseus auf den Meeresgrund gelangt, ganz für freie dichterische Erfindung gilt. Dass gerade Delphine den Theseus zum Hause des Meergottes bringen, das ist es, wofür er einzig den Dichter verantwortlich machen will; den Anlass für diese Annahme bieten ihm aber doch wohl nur die Vasenbilder, auf denen Theseus von einem Triton getragen wird. Gegenüber dieser Ansicht, dass erst Bakchylides den **Delphinritt** des Theseus eingeführt habe, möchte ich mich darauf berufen, dass der Delphinritt auch durch Hygin bezeugt ist. Hygin aber, wenn man genau zusieht, sogar eine ältere Gestaltung dieser Sage wiedergibt denn Bakchylides. Wenigstens in der Angabe, dass Theseus mit sieben Jungfrauen und sechs Jünglingen nach Kreta fuhr, indem Theseus in die doppelte Siebenzahl eingerechnet ist, während Bakchylides außer Theseus noch sieben Jünglinge zählt, bringt Hygin unzweifelhaft älteres Sagengut als Bakchylides — es wird dies bestätigt durch die über Bakchylides zurückreichende Françoisvase, wo zu Theseus, welcher den Reigen anführt, auch nur sechs Jünglinge und sieben Jungfrauen gehören [77]) —.

In der bei Bakchylides vorliegenden Sagengestalt sind, glaube ich, drei ursprünglich selbständige Sagen zu einem Ganzen vereinigt: der Besuch des Theseus im Hause seines göttlichen Vaters, der Kranz der Ariadne, welcher durch Verbindung dieser Sage mit der ersten zu einem Kranze der Amphitrite wurde, [78]) endlich der ἱερὸς λόγος für den auf Theseus zurück-

---

[75]) Nach Pausanias ist es ein στέφανος χρυσοῦς, nach Hygin eine *corona compluribus gemmis lucens*, welche Thetis bei ihrer Hochzeit von Aphrodite zum Geschenke erhalten hatte. Theseus soll diesen Kranz Ariadne geschenkt haben, und Bacchus hat ihn dann an den Himmel versetzt. Wenn es andererseits heißt, dass Theseus durch den Glanz des Kranzes der Ariadne aus dem Labyrinth gerettet worden sei (Kataster. 5, vgl. die bei Robert hiezu angeführten Stellen aus Hygin und Schol. Germ.), so ist dies m. E. lediglich eine parallele Weiterbildung der Sage von Theseus und Minos.

[76]) Crusius hingegen im Philologus 1898 p. 173 scheint die ganze Gestaltung der Sage dem Bakchylides zuzuschreiben. Kein Wunder darum, wenn er bei diesem Mythos nur an eine ἅμιλλα κολυμβοῦ der πόντου κοῦροι von der apollinischen Festfeier auf Delos denkt.

[77]) Der als Phaidimos bezeichnete Jüngling gehört sicher nicht zum Reigen: er ist ja doch in ganz anderer Bewegung denn die Mitglieder des Reigens und ist mit diesen gar nicht verbunden. Was aber die Beischrift betrifft, so hat eben der Künstler alle auf dem Lande befindlichen Personen damit bedacht; übrigens ist der Name der Jünglinge, die am Reigen betheiligt sind, stets ein Compositum, was bei dem Namen Φαίδιμος nicht zutrifft. — Die doppelte Siebenzahl der Menschenopfer kehrt öfters wieder. Wilisch in Jb. f. cl. Ph. 1878 p. 273 erinnert diesbezüglich nicht mit Unrecht an die heilige Zahl der Semiten. Vgl. Anm. 66.

[78]) Diese Übertragung muss dann allerdings verhältnismäßig früh erfolgt sein. Robert a. a. O. denkt nur an die Zeit des Themistokles; doch s. das korinthische Thontäfelchen von Paris, abgeb. in Monuments Grecs, 1886. Fig. 3 (S. 26). Den Übergang von Ariadne

gehenden delischen Chor — Robert bezieht darauf mit anerkennens-
wertem Scharfsinn den Vers 112: ᾶ νιν ἀμφέβαλεν ἀόνα πορφυρέαν; dieser
Bestandtheil mag erst durch Bakchylides dem besprochenen Complex eingefügt
worden sein —. Bei der Annahme einer solchen Verschmelzung ursprünglich
selbständiger Bestandtheile wird es einerseits weniger befremden, dass
allmählich der Kranz ganz die Stelle des Ringes eingenommen hat, namentlich
wenn wie bei Bakchylides dem Theseus auch noch das Festkleid für den
delischen Chor im Hause des Poseidon überreicht wird; andererseits entschuldigt
man so am leichtesten die von Schreiber (Abhdlgn. d. sächs. Gesellsch. XVII)
mit Recht als auffällig bezeichnete Thatsache, dass nicht Poseidon selbst,
sondern Amphitrite den Theseus begrüßt. Die Bemerkungen Roberts a. a. O.,
und was Harrison, The Classical Review 1898 Febr. p. 85 f., über Amphitrite
sagt, alles das zusammen reicht doch nicht als Entschuldigung für diese unstreitig
auffälligen Punkte aus.

Für die Zwecke unserer Untersuchung ist nur die erste Sage von Bedeutung;
diese aber kann man sich am leichtesten entstanden denken durch die Vorstellung von einem delphinreitenden Theseus. Dadurch dass dieser als ein
Poseidonsohn dem Minos gegenüber gestellt wurde, lag der Streit über die
göttliche Abkunft und der Besuch des Theseus bei Podeison unter Zuhilfenahme
des Delphins nahe.[78] Insofern aber die ganze Sage thatsächlich dazu dient,
Theseus als Sohn des Poseidon zu verherrlichen, kann hier wieder an dem
poseidonischen Charakter des Delphinreiters nicht gezweifelt werden.[80] — Ich
will noch erwähnen, dass die literarischen Quellen wie die Vasenbilder immer
den Theseus dieser Sage jugendlich erscheinen lassen[81], worin ich im Hinblick
auf die übrigen Delphinreiter unserer Gruppe wieder nur eine Bestätigung finde,
dass wir recht thaten, den Delphinreiter Theseus hier einzureihen. Dass
wir bei den Vasenmalern den Triton an Stelle des Delphins finden, wird uns
vielleicht unten einigermaßen begreiflich erscheinen. (Vgl. p. 43 f.) — Eine
wichtige Frage wäre, welchem Local diese Sage vom Delphinreiter Theseus
eigentlich zuzuschreiben ist. Man kann nämlich zwischen Delos und Kreta,
vielleicht auch Keos schwanken; aber den größten Anspruch auf den Delphinreiter Theseus scheint mir Delos zu haben, und wäre es auch nur, weil

zu Amphitrite vermittelte nicht bloß Theseus, sondern vielleicht auch Dionysos Halieus.
Vgl. übrigens Pallat, de fabula Ariadnaea (nach Gruppe in Bursian Jahresber. 1895 III p. 200.

[78]) Man könnte versucht sein, auch hier anzunehmen, dass in die Sage vom Delphinreiter die Sage vom Streite um einen Schatz (Eriboia, goldener Ring) verflochten ist, doch will
ich diesem Gedanken nicht weiter nachgehen. Robert p. 133 sieht hierin lauter freie Erfindung.

[80]) Andere Beziehungen des Theseus zu Poseidon sind zusammengestellt von Gerhard
Über Ursprung, Wesen und Geltung des Poseidon (Berl. Akad. d. Wissensch. 1850) Anm.
35. Beachte außerdem, dass Theseus dem Delphinios opfert vor seinem Zuge nach Kreta,
Plut. Thes. 18 cf. 12, 14. Bekker Anecdota p. 255. Und nach Etym. Magn. s. v. ἐπὶ Δελφινίω
wurde Theseus im Delphinion gerichtet wegen des Mordes an Skiron und Sinis. — Vgl.
Wernicke in Jahrb. d. arch. Inst. VII 216.

[81]) Auch aus diesem Grunde ist der bärtige Schwimmer im obersten Streifen der
Françoisvase sicher nicht Theseus, wie van Branteghem bei Kenyon meinte. Gegen die
Deutung auf Theseus hat sich außer Robert auch ausgesprochen Lipsius in Iberg-Richters
Neue Jahrb. f. d. cl. Alterth. 1898 p. 242.

gewöhnlich die Wahl des Mythos demjenigen Orte entspricht, wo der Sang zum Vortrage gelangt (vgl. Crusius im Philologus 1889 p. 217).

Durch Schiffbruch ist der Delphinritt motiviert beim Parier Koiranos,[52]) nach dem eine Höhle auf der Insel Kythnos, wohin ihn der Delphin getragen haben soll, Koiraneion benannt war. Wenn berichtet wird, dass Koiranos sich die Gunst der Delphine dadurch erworben hatte, dass er einst in Byzanz Delphine aus der Gefangenschaft loskaufte, sowie, wenn berichtet wird, dass bei seiner Leichenfeier eine Menge Delphine am Meeresstrande sich zeigte, so sind diese Punkte entschieden jüngeren Ursprungs.[53]) Dagegen hat bereits der Jambograph von Paros, Archilochos, die Beziehung des Koiranos zu Poseidon erkannt, wenn er Frg. 114 (Bergk⁴) sagt: Πεντήκοντ' ἀνδρῶν λίπε Κοίρανον ἤπιος Ποσειδῶν; und es wird wohl nicht gefehlt sein, in dem Koiraneion eine alte Cultstätte des Meergottes zu suchen. Vgl. das Poseidonheiligthum auf Tainaron, Preller Gr. Myth.¹ I p. 574 Anm. 3 und die dort erwähnten Schriften.[54])

---

[52]) Phylarchos bei Athen. XIII 606 D, Plut. de soll. anim. 36, Aelian n. a. VIII. 3.

[53]) So ist das Loskaufen gefangener Thiere ein Act der Güte, der öfters wiederkehrt, r. B. im Leben des Pythagoras (Rohde, Rh. Mus. 27 p. 30) und in der aesopischen Fabel 6 (Halm); und was die Trauerkundgebung der Delphine für den Todten betrifft, so vgl. Ael. n. a. XII 6, was Biedermann a. a. O. p. 8 aus der Wirklichkeit erklären zu können glaubt.

[54]) Diese parische Sage, welche zweifelsohne schon dem Archilochos bekannt war, habe ich wegen ihres hohen Alters unter die Mythen aufgenommen, ebenso Biedermann a. a. O. p. 12. Das bewusste Fabulieren von dem Delphinreiter reicht ja nicht in so hohe Zeit hinauf. Dass märchenhafte Züge schon Eingang gefunden haben, will ich allerdings nicht leugnen, deswegen ist es aber noch nicht ein Märchen. Aug. Marx, Griechische Märchen von dankbaren Thieren, Stuttgart 1889, hat diese Delphingeschichte unter seine Märchen aufgenommen. Lehnte sich die Delphingeschichte nicht an eine bestimmt genannte Persönlichkeit und an einen bestimmt genannten Ort an, so würde ich schließlich mit Rücksicht auf das viele märchenhafte Beiwerk den Namen gelten lassen, aber nur in dem Sinne, dass auch hier sich ein Niederschlag echter Mythen findet, wie dies bezüglich der deutschen Märchen ausführlich nachgewiesen hat Linnig, Deutsche Mythenmärchen. Marx glaubt seine Ansicht, dass wir es hier mit einem Märchen zu thun haben, hauptsächlich dadurch bestätigt zu finden, dass in den zwei Darstellungen, die wir von dieser Sage haben (Aelian hat aus Plutarch geschöpft, es bleibt also nur Plutarch und Athen.), sich Verschiedenheiten finden, die, wie er meint, eine einheitliche Quelle ausschließen. Indes ist dies keineswegs so sicher, wenn auch nicht gerade Plutarch wie Athenaeus aus Phylarch geschöpft haben mag. Denn die Verschiedenheit des Locals in den zwei Traditionen kommt nicht in Betracht, weil bei Plutarch die betreffende Stelle sicher verderbt ist: die Nennung von Byzanz aber kann einfach von Phylarch oder erst von Athenaeus weggelassen worden sein: wenn endlich Koiranos von Athenaeus Milesier genannt wird, so denke ich mir den Hergang folgendermaßen: Die Quelle des Phylarch oder Phylarch selbst als Quelle des Athenaeus hatte die Heimat des Koiranos, der von Plutarch (Aelian) ein Parier genannt wird, weggelassen, enthielt aber die bei Plutarch — Marx liest ja selbst nach Aelian Μιλησίων statt λχτῶν — wiederkehrende Angabe, dass das Schiff Milesier führte. Daraus ward dann der naheliegende Schluss gezogen, dass Koiranos selbst ein Milesier war; die Angabe aber, dass das Schiff Milesier trug, konnte nun als entbehrlich wegbleiben. Jedesfalls ist es zu gewagt, auf solche Verschiedenheiten die Behauptung zu stützen, dass die Sage an mehr als einer Stelle erzählt wurde und dass ihre Begebenheiten und Helden in richtiger Sagenwanderung mit den verschiedensten Orten verknüpft wurden. Selbst zwischen Phylarch und Archilochos liegen ja Jahrhunderte genug, um auch durch bloße Tradition bedeutende Verschiedenheiten aus derselben Sagenform

Selbst den delphinreitenden Knaben von I a s o s glaube ich auf Grund
verschiedener Anzeichen in dieser Reihe nennen zu dürfen. Schon die vier
Versionen, in denen wir diese Delphingeschichte kennen, legen der Sage eine
gewisse Bedeutung bei.[54]). Aelian nennt sie ein πάλαι ᾀδόμενον; und wenigstens
in das 4. Jahrhundert können auch wir sie zurückverfolgen. Aristot. h. a. IX
239 (= Antig. Car. 55) scheint nämlich schon eine derartige Tradition von
Karien zu kennen — in Karien liegt ja Iasos — und die Münzen von Iasos,
auf denen der Typus des delphinreitenden Knaben als Münzstempel verwendet
ist[55]), gehen auch so ziemlich bis auf diese Zeit zurück. Nach Plutarchs und
Aelians Notiz zu schließen, stellen diese den bei Plin. Hermias, bei Athen.
Dionysios genannten Knaben dar. Aelian erwähnt überdies ein Grabmal mit
demselben Sujet. Die Sage muss nach alledem für Iasos eine größere Bedeutung gehabt haben denn die einer bloßen Wunderfabel, als was sie allgemein angesehen wird. Dazu kommen nun Münzen (Brit. Mus. Nr. 15 =
Abbildg. Nr. 7), welche auf der Vorderseite neben einem bärtigen Kopfe die
Beischrift ΙΑΣΟΣ ΚΤΙΣΤΗΣ, auf der Rückseite neben dem Typus des Delphin-

---

erstehen zu lassen. — Es sei gleich hier auch eine Bemerkung über Marx' principiellen
Standpunkt angefügt. Nicht zu den Märchen zählt er Überlieferungen, „die sich deutlich
als Mythen charakterisieren, z. B. die Sage von Palaimon, Taras, Arion und ähnliche ...
Wohl feiern auch sie das φιλόμουσον καὶ φιλάνθρωπον des Thieres: aber die gefeierte That
des Delphins selbst geschieht immer auf Antrieb eines Gottes. Damit scheiden sich alle
diese Mythen scharf von einer Reihe von Delphingeschichten, die wir als Märchen bezeichnen
und zusammenfassen können, weil in ihnen das Thier in der That selbständig handelnd
und gewissermaßen rein menschlich empfindend auftritt." Diese Unterscheidung konnte
mir nicht klar werden. Warum soll darnach z. B. die Erzählung von Taras ein Mythos,
die von Enalos und Koiranos ein Märchen sein? Übrigens scheint Marx selbst, nachdem
ihm während der Drucklegung seines Buches das gehaltvolle Keller'sche Werk „Thiere des
classischen Alterthums" in die Hände gekommen war, etwas von seiner Zuversicht verloren
zu haben, wie aus der „beiläufigen" Anmerkung auf S. 19 f. zu entnehmen ist; und S. 96
(im Text) scheint er jenen Standpunkt schon ganz aufgegeben zu haben.

[54]) Aus Athen. XIII 606 C erfahren wir, dass der Geschichtschreiber Duris aus Samos
von einem Delphin berichtete, der einen Knaben, namens Dionysios, öfters auf seinem Rücken
trug. Alexander der Große soll selbst diesen Wunderknaben zu sich gerufen haben. — Plin.
n. h. IX 27 (= Solin. XII 10) spricht, ohne Quellenangabe, wie es scheint, von demselben
Knaben, fügt aber hinzu, dass einst der Delphin dem Knaben, als dieser ans Ufer gegangen
war, zu hastig nachfolgte und auf dem Sande verendete. Den Knaben soll Alexander der
Große zum Oberpriester des Poseidon in Babylon gemacht haben. An derselben Stelle
berichtet Plinius (= Solin. XII 11; ebenso Plutarch de soll. an. 36) unter Berufung auf
einen sonst unbekannten Hegesidemus von einem anderen Knaben aus Iasos, namens Hermias,
der auch auf einem Delphin zu reiten pflegte, aber einmal durch einen Seesturm den Tod
fand, worauf der Delphin freiwillig am Strande sein Leben beendete. — Bei Aelian wieder
(n. a. VI 15 = Tzetzes Chil. IV 10) wird gar der Delphin selbst gegen seinen Willen zum
Mörder seines Lieblings: der Knabe verletzt sich an der Rückenflosse und stirbt infolge
dieser Wunde. Knabe und Delphin werden zusammen begraben (Grabmal!). — Ich erwähne
hier noch, dass an den Delphin von Iasos G. Hermann bei dem schluchzenden Delphin
des Moschos denkt, und dass er deshalb III 37 Ἰασίην conjiciert für ἀσσοτάτην.

[55]) Zusammengestellt von Pottier und Reinach in bull. d. corresp. hellén. VII p. 445;
aber die ebenda pl. V publicierte Bronze ist nicht auf den Knaben von Iasos, sondern auf
Eros zu deuten. — Vom Brit. Mus. gehören nach Heads Katalog (Caria etc.) p. 124 ff.
hieher: Nr. 1—13 und 15. 16 (Abbildgn. pl. XXI 1—7).

reiters die Legende ΙΑΣΕΩΝ tragen. Mit Recht hat, glaube ich, seinerzeit Imhoof in dem Delphinreiter den Gründer der Stadt gesehen.[57] Aristoteles scheint ja diesen Knaben von Iasos und Taras nebeneinander anzuführen. Vielleicht gehören sie wirklich in eine Reihe. Ein Punkt verdient noch aus der Überlieferung herausgehoben zu werden: Plinius lässt den Knaben durch Alexander den Großen zum Oberpriester des Poseidon in Babylon werden. Dies mag in Wirklichkeit darauf zurückgehen, dass Alexander, der ja vielfach selbstthätig in die Ordnung der Culte eingriff, durch einen Poseidonpriester von Iasos den Poseidoncult in Babylon einrichten ließ. Dadurch erhalten wir wieder von einer anderen Seite Einblick in die ältere Form der Sage, indem sie zeigt, dass der Delphinreiter von Iasos mit dem Poseidoncult in Verbindung gebracht wurde.[58] — Doch genug von dieser Sage. Ich vermuthe allerdings auch in Theophrasts Delphinreiter von Naupaktos (Vgl. Excurs I.) mehr als ein freies Erzeugnis des fabulierenden Volkes. Aber der Boden ist hier doch zu unsicher, als dass ich mich länger auf demselben bewegen möchte.

Dagegen betreten wir wieder sicheren Boden beim Delphinios, wie er besonders aus der Verbindung mit Apollon bekannt ist. An eine ursprüngliche Einheit der Apolloreligion glaube ich nämlich ebensowenig wie Wernicke, dessen besonnener Artikel „Apollon" eine Hauptzierde bildet in Pauly-Wissowas Realencyklopädie; vielmehr sind hier ursprünglich getrennte mythische Vorstellungen allmählich zusammengeflossen, und eines der bedeutendsten Elemente, das im griechischen Apollon steckt, ist der Meergott Δελφίνιος, der, wie der homerische Hymnos auf den pythischen Apollon sagt, kretische Seefahrer, welche Krisa gründeten, als Delphin geleitete und dann von Delphi Besitz nahm. Im homerischen Hymnos erscheint der Δελφίνιος auch als Begründer des Orakels, und in der That lässt sich die Mantik ganz wohl aus dem Wesen des Meergottes erklären; die weissagerische Natur aller Meergötter ist ja bekannt. Doch es würde zu weit führen, wollte ich hier dem Wesen des Delphinios weiter nachgehen[59], und es ist augenblicklich nicht von Belang, ob auch die

---

[57] Marx a. a. O. S. 17 Anm. 2 berichtet allerdings auf Grund einer ihm gewordenen brieflichen Mittheilung, dass Imhoof diese Meinung zurückgenommen habe. Aber der mit Plutarchs Angabe übereinstimmende Name Hermias auf einer Münze von Iasos (Imhoof Blumer Monnaies Grecques p. 311 Nr. 65) hätte nicht dazu verleiten sollen, zumal da nach einer anderen Quelle der Knabe Dionysios hieß. Der Name Hermias findet sich ja auch auf Münzen von Myndos (Brit. Mus. Carien etc. p. 136 Nr. 24 und 25), gehört also sicher einer Magistratsperson an. Vielleicht hat die Quelle des Plin. selbst, Hegesidemus, auf Grund einer solchen Münze fälschlich den Namen des Delphinreiters erschlossen; und so konnte es kommen, dass Plinius von zwei Delphinreitern der Stadt Iasos berichtet.

[58] Auch Keller a. a. O. p. 229 nimmt bei diesem „ältesten und berühmtesten der delphinreitenden Knaben" ein mythisches Substrat an. Doch thut er gewiss Unrecht, wenn er darauf Gewicht legt, dass auf der Rereseite der Münze vielfach ein Apollokopf dargestellt ist, worin er einen bestimmten Hinweis auf den Apollon Delphinios erblickt. Gruppe, Griech. Myth. p. 262, zieht die Munzbilder von Iasos zusammen mit der Sage von Koiranos, um die Herkunft des Delphinreiters von Milet abzuleiten.

[59] Für die Verschmelzung des Meergottes mit Gottheiten anderer Wesenheit auch an Orten, die vom Meere weit entfernt sind, möchte ich verweisen auf die gleiche Erscheinung beim babylonischen Heilgott Ia, der den Beinamen Sarapsi hat, d. h. König des Oceans.

prophetische Seite des Apollon vom Meergotte oder ob sie vom Sonnengotte oder vom chthonischen Gotte herzuleiten ist. Es kommt auch nicht darauf an, ob der nach Krisa gelangende Gott nicht schon vorher Elemente in sich aufgenommen hatte, welche ursprünglich seiner Wesenheit fremd waren. Unstreitig aber ist der Delphinios, welcher die kretische Colonie geleitet, eben deswegen am natürlichsten als Meergott aufzufassen; [90]) und insofern er die Gestalt des Delphins annimmt oder gar, wie andere Quellen, die allerdings einer späteren Zeit angehören, berichten, ein Delphinreiter ist, [91]) bildet der Delphinios eine passende Parallele [92]) zu den übrigen Gestalten unserer Reihe. [93])

---

[90]) Schon Preller, Ausgewählte Aufsätze p. 245, hat mit Nachdruck betont, dass der Delphinios vor allem als ein Gott des Meeres verehrt wurde. Über die Beziehungen des Delphinios zu Poseidon vgl. Wernicke a. a. O. Cap. VI, 7 und Maass, De Lenaeo et Delphinio. Greifsw. 1892, auch Anm. 80.

[91]) Servius zu Verg. Aen. III 332 erzählt: Icadius, der Sohn des Apollo und der Nymphe Lycia, litt auf einer Fahrt von Lycien nach Italien Schiffbruch und wurde von einem Delphin nahe dem Parnass ans Land gesetzt. Nach Cornificius Longus aber zog Icadius von Kreta aus und wurde von einem Delphin direct nach dem Parnass geführt. Hier gründete er Delphi und das Heiligthum des Apollo; die anstoßenden Gefilde aber nannte er zur Erinnerung an seine Heimat krisaeisch oder kretaeisch. — Noch etwas mehr verändert tritt die Überlieferung auf bei Orion und Etym. Mag. s. v. Δελφίνιος; und bei Tzetzes zu Lykophr. 208 wird der Kreter Kastalios von Apollon in Gestalt eines Delphins bis zum krisaeischen Meerbusen geführt. Sein Sohn Delphis gründet Delphi und das Heiligthum des Apollon Delphinios. — Eine Nachbildung dieser krisaeischen Gründungssage finden wir bei Plut. de soll. an. 36: Soteles und Dionysios waren von Ptolemaeus Soter geschickt worden, um den Serapis von Sinope zu holen, wurden aber durch einen Wind verschlagen und von einem Delphin, der vor dem Schiffe sich zeigte, nach Kirrha geführt.

[92]) Mit Rücksicht darauf, dass alle Delphinreiter, soweit wir ihr Alter kennen, jugendlich sind, hat gewiss Gerhard, Über d. Ursprung des Pos. a. a. O. Anm. 107, dasselbe ganz richtig auch vom Delphinios vermuthet. Im homerischen Hymnos wird der Delphinios dort, wo er Menschengestalt angenommen hat, wenigstens πρωθήβης genannt.

[93]) Crusius in Pauly-Wissowa Realencykl. II. Sp. 839, 35 führt auch einen Delphinreiter von der Insel Thera an und beruft sich dabei auf Pind. Pyth. IV, 17 f. Indes aus den Versen: ἀνὰ δ᾽ ἐλπίδων ὅμιλος, ἐπερχομενᾶν ἵππος ἀμφήρατος θεὸς | ἀνία δ᾽ ἄν᾽ ἱππείαν δίφρον τε ποικιλαρτον ἀλλόπεζον ist dies gewiss nicht zu entnehmen; darum acceptiere ich aber noch nicht die gewöhnliche, wie mir scheint, von Heyne stammende Deutung dieser Verse auf den Fischfang — der Delphin als der wichtigste Meeresbewohner sei gesetzt für die Gesammtheit der Fische —, schon deshalb nicht, weil insbesondere durch Oppian (vgl. Anm. 1 im Excurs I) bezeugt ist, dass man sich hütete, Delphine zu fangen, sodass doch wohl nicht der Delphinfang für den Fischfang gesetzt sein kann. Die Stelle ist vielmehr von dem Gegensatze zu verstehen, den der Scholiast ausdrückt in folgender Interpretation: νήχεται ὑπὲρ οἱ θηραῖοι ἱππόταται γενήσονται; man muss nämlich berücksichtigen, dass ganz gewöhnlich eine Menge von Delphinen den Schiffen folgt, bzw. voranschwimmt, sodass es scheint, als seien Delphine dem Schiffe vorgespannt und brächten es vorwärts. Es ist also in jenen zwei Versen folgendes Gleichnis enthalten: wie sie früher das Ruder führten und damit den Lauf des Schiffes, bzw. den vorgespannten Delphine, bestimmten, so werden sie nun die Zügel in ihrer Hand halten und damit die an den Wagen gespannten Pferde lenken; bei solcher Auffassung kommt auch der Parallelismus im Bau der beiden Verse zur Geltung ἀντὶ πηδαλίων — ἀπ᾽ ἱππείαν und ἵππος — ἀνία δίφρον τε. Diese Stelle aber auf eine Sage von einem Delphinreiter zu beziehen, geht entschieden nicht an. Crusius hat sich dabei wohl weniger durch die Stelle selbst, als vielmehr durch die Erinnerung an die oben Anm. 26 besprochene theraeische Inschrift leiten lassen. — Mir fiel es aber auch gar nicht ein, bei

Wir haben im Vorausgehenden eine stattliche Reihe nachweislich alter Sagen zusammengestellt, die gerade in dem, was sich uns bei ihrer Analyse als ein ursprüngliches Element ergeben hat, in dem Delphinritt, eine passende Analogie zu derjenigen Sage bilden, von der unsere Untersuchung ausgieng. Die Träger dieser behandelten Sagen haben sich in jedem einzelnen Falle schon ungeachtet des Wunders des Delphinritts als mythische Gestalten erkennen lassen und ihren poseidonischen Charakter mehr oder minder klar documentiert. Und fassen wir nun erst gar den Delphinritt selbst ins Auge, so verweist uns dieser erst recht wieder in diese Richtung und lässt jeden Zweifel darüber verstummen, dass alle die zusammengestellten Delphinreiter mythische Wesen von poseidonischem Charakter seien. Der Delphin ist ja in seiner Verbindung mit Gottheiten des Meeres nichts weniger als auffällig, im Gegentheil er ist als das größte und am meisten charakteristische Seethier ein so geeignetes Symbol des Meeres, dass der Delphin als Attribut eines mythischen Wesens immer zunächst Beziehungen dieser Gestalt zum Meere nahelegen muss.[91]) Und nun wollen wir zu Arion zurückkehren, einen Augenblick aber nicht daran denken, dass es sich um den Dichter Arion handle. Vergebens haben wir uns oben bemüht, das Wunder des Delphinritts zu erklären. Halten wir aber den Delphinreiter Arion neben die eben besprochenen Gestalten, so fügt er sich so vollkommen in diese Reihe ein, dass wir kein Bedenken tragen können, auch in diesem Delphinreiter ursprünglich eine mythische Gestalt von poseidonischem Charakter zu erkennen. Wie schön reimt sich dazu die Nachricht, dass das taenarische Denkmal, an welches diese Sage geknüpft war, in dem Heiligthume des berühmten Poseidon von Tainaron stand. Als mythische Gestalt haben denn auch gelegentlich schon verschiedene Gelehrte den Arion ebenso wie manchen anderen der oben zusammengestellten Delphinreiter erklärt; aber eine systematische Behandlung aus dem angeführten Gesichtspunkte haben, wie bereits erwähnt, diesem Gegenstande nur gewidmet Biedermann und Keller in den oben genannten Schriften.

--- -- --

der vorgeführten Reihe an das Abenteuer des Propheten Jonas zu erinnern (vgl. Anm. 25), zumal da dadurch gleich ein Präjudiz für einen orientalischen Ursprung des Delphinreiters geschaffen worden wäre. Die Jonassage zeigt doch zu bedeutende Unterschiede. Auf den bei Hygin vorkommenden Zug, dass Arion hinter dem Denkmal hervortrat, darf man sich, zugegeben selbst, dass dies so verstanden werden könnte, als sei Arion aus dem Delphin lebendig wieder hervorgekommen, schon deshalb nicht berufen, weil dieser Zug der ältesten Fassung der Arionsage fremd ist. Übrigens stellt sich dem Jonasabenteuer passend an die Seite ein Märchen, das Lukian in seinen Wahren Erzählungen I 30 bringt (Reisende werden von einem ungeheueren Fische verschluckt, kommen aber, nachdem sie lange im Bauche desselben zugebracht, wieder unversehrt heraus), und das durch seine Ähnlichkeit mit Indischem (Vgl. E. Rohde, Der griech. Roman p. 196 u. d. Strich) sich ganz abseits stellt von unserer Gruppe.

[91]) Auch im Kreise der Aphrodite mag der Delphin zunächst auf Rechnung der griechischen Meergöttin zu setzen sein, die noch immer herausgefühlt werden kann in der Mischung griechischer und semitischer Elemente, deren Product die Aphroditereligion repräsentiert. Vgl. zum Theil Crusius, Beitr. z. griech. Mythol. u. Religionsgesch., Progr. d. Thomasschule, Lpz. 1886. p. 22.

Für Biedermann sind einerseits Taras, Koiranos und auch Arion nur Nebengestalten des Poseidon, entstanden aus Beinamen dieses Gottes; Melikertes andererseits ist ihm nichts anderes als der gräcisierte Melqart.

Keller geht etwas weiter und meint, dass den meisten arionartigen Legenden ein Denkmal des jugendlichen Baal-Melqart, „der auf dem Atergatis-delphin reitet", zugrunde liege. An solchen Denkmälern habe sich von selbst im Volke die Sage von irgend einem jugendlichen Manne oder Knaben gebildet, der auf diese oder jene Art zum Reiten auf dem Delphin gekommen sein soll. [95]) Im Apollon Delphinios zeige sich noch besonders klar die phoenicische Natur des Gottes. Apollon Delphinios sei ja geradezu identisch mit dem Sonnengotte und Coloniengründer „Melqart auf dem Delphin". Und in Melikertes sei sogar der ursprüngliche Name des syrischen Delphinreiters erhalten, ebenso wie der Name des tarentinischen Delphinreiters Phalanthos nur der aramäische Beiname des Baal-Melqart sei. Auch der Poseidon-Arcion (Keller schließt sich also bezüglich Arions der Ansicht Biedermanns an), von dessen Standbild in Tainaron uns Herodot berichtet, sei eigentlich eine spätere Hellenisierung des alten Baal, des Seeherrschers und Coloniengründers; das phoenicische Sagen-element sei nur hier hellenisch ausgestaltet worden durch Hinzufügung eines ganz neuen Moments, nämlich der Musikliebe des Thieres, um damit die Zuneigung des Delphins zu einem Menschen äußerlich zu erklären.

Mein Standpunkt gegenüber diesen Ansichten ist eigentlich zum Theil schon durch das gekennzeichnet, was ich gelegentlich der Analyse der oben zusammengestellten Mythen gesagt habe. Ich will nur noch zunächst bezüglich der Arionsage erwähnen, dass auf die Musikliebe der Delphine keineswegs zu viel Gewicht gelegt werden darf, da, sowie einmal der Delphinreiter mit dem Dichter Arion identificiert war, der Gesang Arions und seine Einwirkung auf die Delphine schon vollkommen gerechtfertigt erscheinen kann durch die nahe-liegende Tendenz, die Macht des Gesanges zu verherrlichen. Ich glaube geradezu, dass die Arionsage selbst nicht wenig dazu beigetragen hat, den Glauben an die Musikliebe der Delphine zu wecken.

Ich muss aber noch auf die Grundlage der dargelegten Meinung Kellers eingehen. Keller lässt sich bei seiner Herleitung der mythischen Delphinreiter hauptsächlich von der Lage der Orte leiten, in denen solche Sagen erzählt wurden. Indes, dass gerade an Punkten, die am Meere gelegen sind, solche Mythen hauptsächlich erzählt wurden, ist ebenso natürlich wie, dass wir solche Mythen nur an solchen Örten kennen, die vom Weltverkehr stärker berührt wurden. Es ist aber auch noch nicht viel gewonnen, wenn wir zugeben, dass die Lage dieser Punkte so beschaffen sei, dass hier uralte phoenicische Factoreien vorausgesetzt werden können. Damit ist ja doch noch nicht bewiesen, dass auch wirklich die Delphinreiter auf Melqartbilder zurückgehen. Denn zwischen

---

[95]) Solche missverstandene Melqartbilder glaubt K. für Tainaron, Korinth, Tarent, Iasos annehmen zu dürfen, ja selbst für Puteoli, auf dessen Bild er die schönen Delphin-reiter des Neapler Nationalmuseums (Gerhard-Panofka Nr. 428) beziehen möchte, der aber als ein Flügelknabe sicher nur auf Eros bezogen werden kann. — Doehle a. a. O. p. 18 sieht in Herakles von Tarent den griechisch gestalteten Nachfolger des Baal-Melqart.

unseren Delphinreitern und den Darstellungen des Melqart, soweit sie uns
bekannt sind, besteht doch noch ein gewaltiger Unterschied. Die sicheren
Melqartbilder zeigen eben diesen Gott nur auf dem Hippokampen, und
das ist denn doch etwas anderes als ein Delphinreiter. Und wenn man sich
über diese nicht leicht zu überbrückende Kluft hinwegsetzen wollte, wie sollte
man es sich erklären, dass überall eine Umgestaltung dieses fremdländischen
Typus vorgenommen wurde, und zwar an weit auseinanderliegenden Orten in
ganz gleicher Weise? An eine Zwischenstation zu denken, läge nicht im Sinne
Kellers, es würde dadurch ja von selbst seine ganze Ansicht ins Wanken
gerathen.[96] Korinthische Pinakes, unter denen wir auch Darstellungen des
delphinreitenden Melikertes gefunden haben, zeigen allerdings auch eine männ-
liche Gestalt, die auf einem Seeungeheuer reitet: bei Furtwängler Nr. 780
(abgebildet Ant. Denkm. I 7, 26) und 914 (vgl. hiefür noch Pernice in Jb. d.
arch. Inst. 1897 p. 40). Aber diese Darstellungen beweisen eben nur für diesen
einen Punkt, was wir oben ohnedies zugegeben haben, dass hier thatsächlich
phoenicische und griechische Elemente sich auf dem Gebiete der Religionsgeschichte mit nachweisbaren Folgen berührt haben. Der orientalische Ursprung
aller der an verschiedenen Punkten zerstreuten Delphinreiter aber ist dadurch
nichts weniger als bewiesen.

Aber auch den von Keller acceptierten Gedanken Biedermanns, welchen
übrigens auch viele andere Gelehrte als etwas Selbstverständliches vertreten,
dass nämlich Taras, Koiranos und Arion ursprünglich Beinamen (Cultnamen)
des Poseidon seien, muss ich zurückweisen. Den Delphinreiter von Iasos lässt
Keller gar erst aus der selbst abgeleiteten Gestalt des Apollon Delphinios
hervorgehen. Ich will nicht zu viel Gewicht darauf legen, dass sich nirgends
ein Beleg dafür findet, dass einer dieser Namen thatsächlich als Beiname des
Poseidon verwendet worden sei — es wäre nicht von Belang, wenn das schier
alltägliche Epitheton Koiranos eine Ausnahme machte (vgl. Anthol. Pal. VI, 70, 1)
—: aber setzt denn diese Annahme, nach welcher die nachweislich alten Delphinreiter spätere Gebilde, eine Art „Sondergötter" wären, die sich auf dem Boden
der Poseidonreligion entwickelten und dann, etwa heroisiert, von Poseidon[97]
sich abgezweigt hätten,[98] setzt denn diese Annahme nicht voraus, dass auch

---

[96] Im Sinne älterer Erklärer könnte man in Tarent eine solche Zwischenstation
suchen, wenn nicht viele Delphinreiter da wären, für welche Tarent nicht herangezogen
werden dürfte.

[97] Die Ansicht derer, welche die Delphingeschichten lieber auf Apollon Delphinios
als auf Poseidon beziehen möchten, erledigt sich durch unseren oben gegenüber Apollon
Delphinios eingenommenen Standpunkt von selbst. Man scheint sich dabei zumeist durch
die Musikliebe der Delphine leiten zu lassen, so auch Preller in Ausgew. Aufsätze p. 246 f.
Doch vgl. das oben über dieses Moment Gesagte; das Vasenbild (Mon. dell' Inst. I 46) aber
kommt dabei gar nicht in Betracht, noch weniger die Lyra in der Hand des Delphinreiters
der schon oben besprochenen Münzen von Brundisium, worauf jüngst wieder Maass, De Lenaeo
et Delphinio p. XIX, sich bezogen hat.

[98] Dasselbe bedeutet es, wenn man von Hypostasen des Poseidon spricht. Manche
Gelehrte scheinen, freilich ohne sich deutlich genug auszusprechen, meiner Auffassung nahe zu
kommen. Den von mir constatierten Unterschied aber zwischen dem rossegewaltigen Poseidon
und den Delphinreitern, bzw. dem delphinreitenden Meergott, finde ich nirgends vermerkt.

Poseidon selbst als ein Delphinreiter gedacht wurde? Freilich oft genug kann man diese Behauptung lesen, aber beweisen — lässt sie sich keineswegs. Weder in der Literatur noch in der Kunst kann ein delphinreitender Poseidon mit Sicherheit nachgewiesen werden (vgl. Anm. 39). Overbeck, Kunstmyth. III p. 219. beruft sich hiefür auf Lukian dial. deor. mar. VI 2. Da fordert Poseidon den Triton auf, ihm anstatt des gewöhnlichen Pferdegespanns einen schnellen Delphin beizustellen, um rasch fortzukommen. Dies beweist doch m. E. alles eher als, wie man gerne glauben möchte, dass bei Poseidon der Delphinreiter etwas Gewöhnliches sei; nein, nur da besondere Schnelligkeit Noth thut, will Poseidon einmal eine Ausnahme machen — an den Delphinen wird ja gerade die Schnelligkeit seit ältesten Zeiten immer gerühmt; und schließlich kommt es auch an dieser Stelle nicht thatsächlich dazu, dass Poseidon den Delphin bestiege. Von Darstellungen aber weiß Overbeck nur zu nennen das von Stephani in C. R. 1868 Taf. I 5 publicierte Goldplättchen, das in einem Grabe von Kertsch gefunden wurde. Fundort und Alter dieser singulären Darstellung aber beweisen, dass diese, wenn es sich darum handelt, die Auffassung des gemeingriechischen Poseidon zu erforschen, nicht ins Gewicht fallen könne. Ich kann ja noch auf eine andere Absonderlichkeit dieser Gegend hinweisen, auf ein gleichfalls aus Südrussland stammendes Casserol, an dessen Handhabe angeblich Poseidon mit beiden Füßen auf einem Delphin stehend dargestellt ist (Stephani, C. R. 1867 p. 56). Ebenso wenig beweist der von Furtwängler der Kaiserzeit zugewiesene Praser des Berliner Antiquariums (Furtwgl., Beschreibung der geschnittenen Steine Nr. 2361). Auf Poseidon wurden ferner bezogen (von Pernice im Jb. d. arch. Inst. 1897 a. a. O.) die Delphinreiter der korinthischen Pinakes. Thatsächlich findet sich Poseidon wiederholt auf diesen Thontäfelchen dargestellt, z. B. als bärtiger Reiter auf Nr. 539, und besonders häufig zu Wagen (vgl. die sachliche Zusammenstellung bei Wilisch, Die altkorinth. Thonindustrie, Lpz. 1892 S. 90); aber vielleicht ist es auch kein Zufall, dass die Weihinschrift ΠΟΤΙΔΑΝΙ sich nie findet auf einem Pinax, wo eine auf einem Delphin oder einem Seeungeheuer reitende Gestalt dargestellt ist. Doch auch abgesehen davon kann m. E. bezüglich der oben (Anm. 64) ausgesprochenen Deutung dieser Delphinreiter auf Melikertes eigentlich kein Zweifel obwalten. Über den Delphinreiter einiger Münzen von Teate endlich, den Dressel als Poseidon bezeichnet, vgl. Anm. 9 zu Excurs II. Übrigens lässt sich auch ein indirecter Beweis dafür erbringen, dass es keinen delphinreitenden Poseidon gab. Denn war einmal ein delphinreitender Poseidon im Volksbewusstsein, so hätte sich da auch ein Mythos von diesem Poseidon Δελφίνιος entwickeln müssen, sowie aus der πότνια θηρῶν eine Löwenbezwingerin geworden ist, es hätte sich eine Sage entwickeln müssen ähnlicher Art, wie wir sie von den besprochenen Delphinreitern kennen. Eine solche aber gibt es nicht, eben deshalb, weil der Anlass zu dieser Sagenbildung, der Delphinreiter Poseidon, fehlte. Nach all dem kann es durchaus nicht als eine ausgemachte Sache gelten, dass Poseidon auch als Delphinreiter gedacht wurde.

Freilich scheint der Gedanke an einen delphinreitenden Poseidon im Hinblicke auf die uns geläufige Vorstellung von dem Delphin als Attribut des Poseidon sehr naheliegend zu sein. Indes steht es vielleicht überhaupt hinsichtlich der Verbindung des Delphins mit Poseidon etwas anders, als wir es uns gewöhnlich vorstellen. Von Haus aus scheint dem Poseidon lediglich das Pferd zu eigen gewesen zu sein und nicht der Delphin. Bei Homer ist wohl vielfach Gelegenheit genommen, den Poseidon mit dem Pferde in Beziehung zu bringen — selbst dem Vater Zeus die Pferde auszuspannen ist Poseidon bestimmt —, niemals aber finden wir auch nur die geringste Andeutung einer Beziehung des Poseidon zum Delphin ausgesprochen; am wenigsten darf man dafür μ 96 anführen, wo der Delphin mit den verschiedensten Seeungeheuern zusammengestellt ist und der mythische Wert von Amphitrite noch unsicher ist. Und die ältesten Mythen, die sich an Poseidon knüpfen, sie zeigen uns wohl Poseidon in verschiedenen Beziehungen zum Pferde, aber nie und nimmer findet sich eine derartige Beziehung Poseidons selbst zum Delphin. Ja, wenn ich die Sprache richtig verstehe, die die oben behandelten Mythen reden, so können wir bei aller von uns oben anerkannten Verwandtschaft einen gewissen Gegensatz, eine gewisse Rivalität zwischen Poseidon und den Delphinreitern nicht verkennen. Der Mythos sagt, Taras oder Thesens sei der Sohn des Poseidon, Palaimons Grab oder das Denkmal Arions sei im Heiligthume des Poseidon errichtet worden, Enalos oder der Delphinreiter von Iasos sei ein Priester oder gar der Hirte der Rosse des Poseidon geworden: besagt dies nicht, dass die Gestalten des Taras, Thesens, Enalos u. s. w. dem Poseidon untergeordnet, von ihm selbst zurückgedrängt wurden? Und woher stammt dieser Gegensatz zwischen Gestalten, die in ihrer Wesenheit so ganz verwandt sind? Alle die genannten Gestalten waren ursprünglich Gottheiten des Meeres, vertheilt aber auf die verschiedenen Örtlichkeiten, auf verschiedene Stämme, die alle in dem ewigen Ringen zum Zweck eines allmählichen Ausgleichs der Gegensätze ihren Stammesgott unterliegen sehen mussten unter dem gleichfalls ursprünglich einem bestimmten Stamme angehörigen Meergott Poseidon. Dieser wurde so der gemeingriechische Meergott, die Meergottheiten in der Religion der unterliegenden Stämme aber wurden, soweit sie nicht vielleicht ganz verdrängt wurden, wenigstens in zweite Linie zurückgedrängt, zu mythischen Wesen zweiter Ordnung herabgedrückt [99]) oder, wie dies theilweise beim Delphinios geschehen ist, an andere Gottheiten angelehnt.

Ich leugne nicht, dass es einigermaßen befremden muss, wenn nicht alle griechischen Stämme in gleicher Weise den Meergott ursprünglich als Delphinreiter dachten, sondern vielmehr bei einem Stamme wenigstens das Ross in ähnlichem Verhältnis zum Meergotte stand, wie anderwärts der Delphin. Aber vielleicht können wir dieses Befremden einigermaßen mildern. Dass nicht bloß der Delphin sondern auch das Pferd als Symbol des Meeres gedacht werden konnte, ist allgemein zugestanden; nicht minder, dass das Pferd gerade besonders das

---

[99]) Nachdem sie einmal eine untergeordnete Stellung eingenommen hatten, zu bloßen Heroen geworden waren, konnte sich auch die Phantasie des Volkes in der gegenüber einem Meergott selbst eigentlich undenkbaren Richtung geltend machen und, um den Delphinritt zu erklären, von einer Rettung des Helden durch den Delphin erzählen. (Vgl. Rohde, Psyche, p. 125 ff.) Die Unmöglichkeit, von der Rettung eines Gottes durch den Delphin zu sprechen, rückt selbst wieder den Ursprung der degradierten Gottheit in eine ältere Zeit hinauf.

42

stürmende Meer symbolisiere (vgl. Preller, Griech. Mythologie ⁴ p. 568 ff.). Was liegt näher als anzunehmen, dass derjenige Stamm, der, als er nach einem Symbol für das Meer griff, das Pferd nahm, mehr die Schrecken und Gefahren des Meeres denn seine freundliche und wohlthätige Seite kannte und würdigte, dass diesem Stamme also mehr die furchtbare Gewalt des Meeres denn sein Nutzen imponierte. Vielleicht waren eben die Verhältnisse dieses Stammes nicht so ungünstig, das Land bot Beschäftigung genug, z. B. gerade durch Pferdezucht, so dass nicht gar viele Stammesangehörige hinausgedrängt wurden, die Gefahren der See zu bezwingen und sich vertraut zu machen mit dem feindlichen Elemente; vielleicht war auch die Küstenbildung jener Gegend, in der dieser Stamm saß, nicht so günstig, dass die Schiffahrt allgemein geübt werden konnte; wie abenteuerlich mussten dann den Ungeübten die Erzählungen von unternommenen Seereisen klingen! — Ganz anders mochte das Meer beurtheilt werden von einem Stamme, der schon durch die natürliche Beschaffenheit seines Sitzes hingewiesen war auf die See, der vielleicht frühzeitig gezwungen wurde, den Kampf mit dem Elemente aufzunehmen, dadurch aber sich bald eine außerordentliche Seetüchtigkeit erwarb. Solch ein Stamm hatte gewiss bald Freundschaft geschlossen mit dem Meere und seinen Schrecken: ja, diese Schrecken bestanden bald nicht mehr für ihn als solche: ihm war dieses Element wirklich nur noch die πάντων χρησιμωτάτη ἀνθρώποισι θάλασσα (Herodot VII 16). Für solche Stämme, aber auch nur für solche Stämme, war der Delphin das geeignete Symbol des Meeres. Der in den natürlichen Verhältnissen verschiedener Länder Griechenlands thatsächlich gegebene Gegensatz, wie ich ihn eben hypostasiert habe — absichtlich nur unterdrücke ich den nach der oben gegebenen Charakteristik für die Heimat des rossegewaltigen Meergottes sich aufdrängenden Namen [100]) —, könnte m. E. ganz wohl jenen Unterschied in der Gestaltung des Meergottes bei verschiedenen Stämmen erklären [101]);

[100]) Andererseits möchte ich entschieden davor warnen, etwa aus der Verknüpfung des delphinreitenden Theseus mit Minos oder aus den oben Anm. 51 zusammengestellten Nachrichten, die auf Taras bezogen werden können, mit Rücksicht auf den kretischen Cult des Delphinios voreilig den Schluss zu ziehen, dass Kreta die Heimat des Delphinreiters sei. Zum mindesten muss man doch noch erst eine gründliche archäologische Ausbeutung des gewiss für die Völkergeschichte hochwichtigen Bodens dieser Insel abwarten. Bisher hat ja diese Insel noch keine Bestätigung für eine solche eventuell in uralte Zeit hinausgreifende Vermuthung geliefert. Überhaupt scheint der Delphinreiter sehr vielen griechischen Stämmen angehört zu haben: so erkläre ich mir nicht bloß die verhältnismäßig große Zahl der an weit auseinander liegenden Orten uns noch bekannten Delphinreiter, sondern auch die oben (Anm. 93) erwähnte Thatsache, dass man, wie es scheint, fast allgemein den Delphin für heilig hielt; man verstünde ja wahrlich nicht, warum bei einem Volke, das zumeist auf Fischnahrung angewiesen war, der Delphin geschont wurde.

[101]) Der in den Symbolen (einerseits Delphin, andererseits Pferd) liegende Gegensatz bezüglich der Auffassung des Meeres hat in schöner Weise darin seine Fortsetzung gefunden, dass der Hippios (Poseidon) sich zu einem mit Zeus vergleichbaren Machthaber, die verschiedenen Delphinioi aber sich zu zarten Knaben — diese Thatsache haben wir ja überall constatieren können (vgl. Anm. 92) — entwickelt haben. — In demselben Gegensatze könnte auch eine theilweise Erklärung dafür gefunden werden, warum der Hippios den Sieg davon trug über den Delphinios: Ausschlag gebend waren allerdings in diesem Punkte wohl vor allem politische Verhältnisse.

Stämme also, die fast nur auf dem Meere lebten, dürften sich den Delphin zum Symbol des Meeres und seines Gottes gewählt haben, während hingegen einem Stamme, der weniger mit dem Meere zu thun hatte, der vielleicht auch Rossezucht eifrig trieb, die Versinnbildlichung des Meeres durch das Pferd näher lag. Übrigens können zur singulären Gestaltung des Poseidon auch noch andere Umstände beigetragen haben, über die vielleicht einmal die Religionsgeschichte der Nachbarstämme des griechischen Mutterlandes Aufschluss geben wird. Wie dem auch sei, mir genügt es, die, wie ich glaube, unlengbare Thatsache hervorgekehrt zu haben, dass Poseidon von Haus aus mit dem Delphin nichts zu thun hatte.

Spät erst, als der Anthropomorphismus längst schon durch bildliche Darstellungen sich festgesetzt hatte, ward auch dem Poseidon der Delphin [102]) zugeeignet. Wieweit dies auf das geniale Wirken der Kunst selbst oder auf eine Anlehnung an die depossedierten Delphinioi zurückzuführen ist, läßt sich natürlich schwer sagen. Jedenfalls aber erklärt sich nur bei einem solchen Hergange die Thatsache, dass Poseidon, der mit dem Pferd in bildlichen und literarischen Darstellungen, sei es im Rahmen von Mythen, sei es außerhalb derselben, auf die verschiedenste Art auch in innigster Form verbunden ist, den Delphin lediglich zu einem als Symbol wirkenden Attribute erhalten hat, nicht aber durch irgendwelche Mythen mit demselben in Beziehung gesetzt ist. [103]) — Diese Thatsache aber hatte m. E. eine nicht uninteressante Folge. Insofern die Kunst, ich meine die große Kunst [104]) und da vor allem die Plastik als ihre

---

[102]) Es scheint sogar dem Delphin der Thunfisch vorausgegangen zu sein; einer der ältesten Maler wenigstens, Kleanthes, gab dem Poseidon den θύννος in die Hand (Athen. VIII 346 c).

[103]) Die gegebene Darstellung schließt nicht aus, dass vielleicht in der Zeit des Verfalls, nachdem inzwischen delphinreitende Gestalten sich im Kreise des Poseidon festgesetzt hatten, gelegentlich auch der Gedanke auftauchte, auch Poseidon selbst auf den Delphin zu setzen. Wir begreifen dann Lukian a. a. O. und die erwähnten Funde aus Südrussland, sowie den Praser des Berliner Antiquariums.

[104]) Anders steht es mit der Kleinkunst, die sich in den Dienst des localen Bedürfnisses stellte. Darstellungen des delphinreitenden Taras, Arion u. a. sind darum für die Heimat dieser Gestalten nicht ausgeschlossen. Hieher sind auch zu setzen die korinthischen Pinakes und die Münzen mit dem Typus des Delphinreiters, vielleicht auch das mir nur durch eine weder von Ausgrabungen IV p. 26 f. noch von dem Textbande Treus bestätigte Notiz in der Arch. Ztg. 1877 S. 29 bekannte Metopenfragment von Olympia, das einen delphinreitenden Knaben im Relief eines Schildes zeigen soll. Selbst in den vereinzelten Vasenbildern mit Delphinreitern möchte ich nur locale Reminiscenzen erblicken. Bei der rf. Hydria (Berlin Nr. 2633) wird diese Vermuthung unterstützt durch die auffälligen Dorismen in den Beischriften der Vase, bezüglich der rf. Lekythos (Berlin Nr. 2439) aber verweise ich auf die unten erwähnte Ähnlichkeit mit einem in räthselhafter Weise vorübergehend auf tarentinischen Münzen auftretenden Typus. Ich erachte darum jeden Versuch, diese Delphinreiter zu deuten, für müßig; insbesondere der Delphinreiter der ersten Vase ist wohl nur aus der Abneigung gegen den leeren Raum zu erklären, also lediglich unter dem Gesichtspunkte des Fullornaments zu beurtheilen. — Im ganzen sind indes auch die Darstellungen localer Delphinreiter selten. Es ist darum auch weniger auffällig, wenn wir keine Darstellungen des delphinreitenden Theseus haben, zumal da dieser, wie mir scheint, nicht athenischen Ursprungs ist (vgl. p. 32); dazu kommt, dass man sich, sowie einmal Mikon oder vielleicht vor ihm schon ein plastischer Künstler (denn vgl. Anm. 105) das Sujet aus

Führerin, sich in den Dienst der nationalen Religion stellte, kam sie nicht
leicht in die Lage, den für die Rundplastik gewiss schwierigen Vorwurf eines
Delphinreiters auszuführen. Erst von Skopas, dem Schöpfer eines *praeclarum
opus, etiam si totius vitae fuisset* (Plin. n. h. XXXVI 26), in welchem die
künstlerische Phantasie eine ganze Welt von Meereswesen geschaffen hat, wissen
wir, dass er in der berührten Statuengruppe auch delphinreitende Gestalten
gebildet habe: und der delphinreitende Arion vom Helikon (Paus. IX 30, 2)
ist gewiss jünger als dieses Werk des Skopas. Aber auch in der Malerei
scheint im Einklange mit der Plastik der Delphin nur eine untergeordnete
Rolle gespielt zu haben — seine regelmäßige Verwendung zur Andeutung des
Meeres auf Vasenbildern ist ja bekannt —; es war darum nicht bloß ein
geschickter, sondern auch natürlicher Griff, wenn Mikon, als er im Theseion
den Besuch des Theseus bei Poseidon darstellte, wobei der Delphin doch ein
bedeutungsvolles Werkzeug des Meergottes, gewissermaßen der Meergott selbst
ist, an Stelle des gewöhnlich nur als redendes Symbol verwendeten Delphins
die in Literatur und Kunst in solchem Sinne bereits entwickelte Gestalt des
Triton verwendete. [105]) Mit Rücksicht auf die stattliche Reihe der Delphinreiter
halte ich ja auch den Delphinritt des Theseus für etwas Ursprüngliches, nicht
wie Robert, für etwas erst von einem Dichter Eingefügtes: andererseits muss
gewiss ein Künstler von der Bedeutung eines Mikon die angeführte Änderung
in der ursprünglichen Sagenform vorgenommen haben, da ja auf zwei Vasenbildern Theseus thatsächlich von einem Triton getragen wird. [106])

---

geführt und dabei den Triton für den Delphin eingesetzt hatte, zumeist an dieses
Vorbild anschloss: vgl. die oben genannten Vasenbilder, vielleicht auch das Fragment einer
Kolossalstatue in Athen (Sybel Nr. 4997, das wenigstens Dreßler, Triton, Gymn. Progr. Wurzen
1893, p. 13 auf einen von Triton getragenen Theseus bezogen hat. Oft scheint indes
diese Theseussage nicht dargestellt worden zu sein: kein Wunder darum, wenn Pausaniae
sagt, dass das Sujet des erwähnten Bildes im Theseion von Athen nicht leicht verstanden wurde.

[105]) Dazu stimmt vortrefflich, wenn in der „eher vor als nach 420" entstandenen
Giebelgruppe von Lokri die Dioskuren von Tritonen getragen werden (Röm. Mittheilungen 1890
p. 201 ff., Abbildg. des einen in Ant. Denkm. I 52). Die Beziehung dieser Giebelgruppe
auf die über das Meer herbeigeholten Dioskuren (Iustinus, Trogi epitom., XX 2, 14)
hat in scharfsinniger Weise erkannt mein hochverehrter Lehrer E. Petersen, dessen
einstiger Anregung eigentlich auch die vorliegende Arbeit ihren Ursprung verdankt.

[106]) Ich halte also auch an einer Beeinflussung des Euphronios durch Mikon fest,
wenn auch Hartwig (Griech. Meisterschalen p. 483) die Euphroniosschale nicht unter 460
herabgedrückt sehen will (vgl. Wernicke in Jahrb. d. arch. Inst. 1892, p. 210). Mikon muss
ja nicht gerade gleichalterig mit Polygnot gewesen sein; „er kann sehr wohl ein älterer
[Zeitgenosse und dabei] Vorgänger des Thasiers gewesen sein" (Studniczka, Jahrb. d. arch.
Inst. 1887 p. 167). Die Darstellung der Vasenbilder findet auch wirklich gar keine Bestätigung in der Literatur. Andererseits lässt sich aus den Worten des Pausanias entnehmen,
dass im Gemälde des Mikon der Delphin nicht vorkam: Paus. verzeichnet ja sonst überall
gewissenhaft den offenbar ihm selbst verwunderlichen Delphinritt; weniger kann es auffallen,
dass er angesichts des Gemäldes bei der Wiedergabe der Sage nicht des Triton Erwähnung
that, da die Bedienung des Poseidonsohnes durch einen Triton für Pausanias gewiss nichts
Besonderes, sondern fast etwas Nebensächliches bedeutete.

Kehren wir zurück zu den Delphinreitern unserer Reihe. Wir haben sie als ursprünglich selbständige, verschiedenen Gegenden angehörige Gottheiten erkannt, die das Meer oder vielleicht, etwas universell gesprochen, das fließende Wasser überhaupt repräsentierten, also als locale Gestalten eines delphinreitenden Wassergottes (Delphinios), die natürlich in dem Grade degradiert wurden, als der rossegewaltige Wassergott (Poseidon) an Bedeutung gewann. Die Verschiedenheit der verschiedenen Gegenden angehörigen Namen kann umsoweniger auffallen, als bei mehreren ihr Etymon durchsichtig genug ist, um ihre Verwendung auch für Sondergestalten eines einzigen Delphinios zu rechtfertigen. Ich nenne vor allem Koiranos und Enalos; Taras [107]) soll nach Biedermann a. a. O. p. 10 gar „Meer" bedeuten; selbst der Name Palaimon muss nicht gerade erst durch Herakles erklärt werden (vgl. Anm. 67), vielleicht lässt er sich auf das schaukelnde Meer beziehen (vgl. Hom. Z 474 u. Eur. El. 435); auch die von Maass a. a. O. p. XV aufgestellte, allerdings von Gruppe in Bursians Jahresber. 1895, III p. 214, bekämpfte Erklärung des Namens Θησεύς durch Θησαμίνης = ὁς μένος τίθεται (robustus) lässt sich mit unserer Auffassung vereinbaren. Und Arion? Die Etymologie des Namens will ich aus dem Spiele lassen; aber dass auch dieser Name eine locale Gestalt des Meergottes, einen zweiten Poseidon bezeichnen k o n n t e, wird einigermaßen bewiesen durch das Pferd Areion, das als Poseidonsohn bekannt ist. Das zufällige Zusammentreffen des einem ursprünglichen Meergotte zukommenden Namens mit dem Namen des lesbischen Sängers erklärt dann ganz leicht die Übertragung eines mythischen Zuges auf den Dichter Arion. [108])

Anders sucht Tümpel in dem oben erwähnten Gymn. Progr., Neustettin 1887, das Vorkommen des Dichters Arion in dem Delphinmythos zu erklären. Geleitet durch die auffallende Übereinstimmung, dass ein methymnaeischer Gründungsheros und ein methymnaeischer Dichter dasselbe Erlebnis gehabt haben sollen, gelangt T. zur Annahme, dass Arion die Enalossage in einem Hymnos besungen habe. Wenn nun darin Enalos selbst seinen Cult stiftete, konnte er ja während dieser Thätigkeit in directer Rede sprechend auftreten, die eingelegte Rede aber hätte im Ichtone den Wassersturz und die Rettung durch Delphine als eigenes Erlebnis, den Dank an den Delphin in Form einer Mahnung an die Menschen, diesem Thier Ehrfurcht zu weihen, enthalten können. Erst die Nachwelt, meint T., habe naiv hier den Dichter erkennen zu sollen geglaubt, der von sich selbst spricht. Dergleichen literarhistorische Fictionen, zu denen eine Dichterstelle den Anstoß gab, stelle ich keineswegs in Abrede (vgl. O. Crusius, Rhein. Mus. XXXVII S. 312 ff.); ich selbst habe oben eine solche für eine Nachricht aus dem Leben Pindars zu erweisen gesucht; aber warum sollten, um von den Korinthiern nicht zu sprechen, gerade die Taenarier ein solches Interesse gehabt haben, dieser Sage sich zu bemächtigen? Tümpel selbst scheint dies gefühlt zu haben. Darum suchte er nach einer Version der Sage, bei der dieses Bedenken wegfiel, und glaubt denn in Lukian dial. mar. 8

---

[107]) Über andere Deutungen des Namens vgl. Studniczka, Kyrene, p. 179.
[108]) Ich befinde mich da in Übereinstimmung mit Biedermann und Keller.

eine authentischere Form der Sage gefunden zu haben; darüber aber habe ich mich schon geäußert in Anm. 1.

Ich bleibe darum lieber bei der Annahme, dass auf Tainaron ursprünglich ein delphinreitender Meergott unter dem Namen Arion verehrt wurde, von welchem, sowie er einmal zum bloßen Heros à la Taras herabgesunken war, bald in ähnlicher Weise wie von den übrigen alten Delphinreitern eine Sage erzählt wurde, die sich später an den gleichnamigen Dichter anlehnte. Denn geben wir nur die Möglichkeit zu, dass auf Tainaron ein Meergott unter dem Namen Arion verehrt wurde, so ist die ganze Arionsage leicht zu begreifen. Die Macht der Korinthier nicht nur, sondern auch der Lesbier (cf. Plehn, Lesbiaca) war ja in den Vierziger Olympiaden nicht unbedeutend. Die Korinthier oder Lesbier mochten zu Schiffe nach Tainaron gekommen sein und dort von einem Arion erzählen gehört haben. Entweder bezogen sie diese Geschichte sofort bona fide auf ihren Dichter Arion, der ja gewiss viele Reisen gemacht hatte, oder sie griffen sogar mit Freuden nach der Gelegenheit, den Ruhm ihres Dichters zu vergrößern. Die Taenarier andererseits, denen das ursprüngliche Wesen ihres Arion schon längst entfremdet war, mochten sich leicht an diese Auffassung des Delphinreiters gewöhnen; auch in Sparta hatte ja ein Λισβιος ἡρώς besondere Würdigung gefunden. Ob das Denkmal von Tainaron schon bestand oder jetzt erst, wie noch später das Epigramm, untergeschoben wurde, ist für unsere Erklärung gleichgiltig. — In welchem Umfange die uns überlieferte Arionsage schon dem von dem taenarischen Heros Arion erzählten Mythos angehörte, lässt sich natürlich nicht mit Sicherheit bestimmen. Nach den übrigen Delphinmythen zu schließen, bildete am wahrscheinlichsten eine Rettung durch den Delphin die Hauptsache; aber auch wenn dieser Gedanke im taenarischen Mythos noch nicht ausgesprochen war, Rettung durch den Delphin ist, so einmal der Delphinritt auf den Dichter übertragen war, die natürlichste Antwort auf die Frage: was brachte den landbewohnenden Dichter Arion auf den Delphin? Dass der Wassersturz als die nothwendige Voraussetzung für den Delphinritt des Sängers nur ein secundäres Element sei, habe ich schon oben erwähnt; und es war, wie gesagt, nur eine glückliche Idee, wenn man Schiffer, die nach den Schätzen des Sängers verlangten, diesem den καταποντισμός bereiten ließ. Ebenso habe ich schon erwähnt, dass es etwas ganz Naheliegendes war, wenn man sagte, der Dichter habe als ein zweiter Orpheus sich die rettenden Thiere selbst herbeigesungen. Allerdings musste man sich nun fragen, wie denn Arion Gelegenheit fand zu singen, ja wie er überhaupt auf diesen Gedanken kam; deshalb schob man die Verhandlungen des Arion mit den Schiffern ein und ließ ihn schließlich zu dem Mittel greifen, durch seine Kunst eine Einwirkung auf die Bösewichte zu versuchen — in der ursprünglichen Fassung der Sage wenigstens, während in der alexandrinischen Sagenform der Gesang Arions ebenso wie sein Delphinritt von den Göttern angeregt wird —. Wenn ich noch erwähne, dass die Bestrafung der Räuber nur eine natürliche Folgerung aus der notorischen Freundschaft Arions mit dem Fürsten von Korinth war, so ist die Sage in allen ihren Zügen, wie wir sie bei Herodot vorfinden, erschöpft. Wir brauchten also nur anzunehmen, dass der Kernpunkt der Sage. der Delphinritt. in dem wir ein mythisches Element erkannt haben. auf den Dichter Arion übertragen sei: alles andere ließ sich als spätere Zuthat leicht erkennen und verstehen.[10°])

Ich darf meine Erörterungen über die Arionsage nicht schließen, ohne mit einem Worte der Ansicht Crusius' zu gedenken, welcher in Pauly-Wissowa. Realencykl. II Sp. 840 f., soweit geht, Arion ganz für eine ungeschichtliche Persönlichkeit zu erklären. Der chronologische Ansatz bei Suidas beruht wohl gewiss auf bloßer Berechnung, aber sonst ist uns von Arion zu viel überliefert und durch gute Namen verbürgt, als dass man diese mit Periander und Alkman verknüpfte Gestalt gänzlich in das Reich der Erfindung weisen könnte. Strabo hält nicht. wie Crusius behauptet. die Person des Arion, sondern bloß seinen Delphinritt für ungeschichtlich. Crusius selbst will es nicht recht passen, dass die Tradition dem Arion den chorischen Dithyrambos zuschreibt: wenn eben die Lesbier bloß den Einzelgesang pflegten und die Delphinlegende den Arion lediglich als Kitharoeden feiert. so ist dies gerade der beste Beweis. dass die Verdienste, welche dem Arion zugeschrieben werden, ihm nicht mit Rücksicht auf den alten Ruf der lesbischen Sänger angedichtet sind.

Gegen die entwickelte Ansicht, dass Arion in der behandelten Sage ursprünglich eine Meergottheit, und zwar ein Delphinios gewesen sei, kann man vielleicht den Namen selbst anführen zu können meinen. Arion oder Areion bedeutet doch eigentlich Aressohn [110]), oder wenn diese Bildung zurückgeht in eine Zeit. bevor die patronymische Wertung des Suffixes sich festgestellt hatte. so ist Arion nichts anderes als Ares selbst. Auch bezüglich des Wunderrosses Arion. auf dessen Namen ich mich oben berufen habe, besteht die Meinung, dass sein Name nicht zufällig mit Ares zusammentreffe. dass vielmehr ursprünglich wirklich Ares der Vater dieses Rosses gewesen und nur unorganisch Poseidon im Mythos an die Stelle des Ares gerückt sei.[111]) Wie verträgt sich aber der Delphinier Arion mit Ares? Diese Frage veranlasst uns, auf die ursprüngliche Bedeutung des Ares einzugehen und auf diesem Wege eine Lösung des vorgelegten Räthsels zu suchen. Sicherlich hat ja Ares nicht von Haus aus die Idee des Kriegsgottes verkörpert: der bloßen Personification einer abstracten Idee kann ein so alter Gott seinen Ursprung nicht verdanken. Einem Versuch aber, in die wahre Wesenheit des Ares einzudringen, stellen sich bedeutende Schwierigkeiten entgegen: denn einerseits ergibt das Bild, das wir uns nach

---

[10°]) Robert in Preller, Griech. Myth. ⁴ I. S. 571 Anm. 2, meint, dass die Geschichte des Phalanthos (Taras) auf Arion übertragen sei; er denkt sich also die Sache nicht viel anders als seinerzeit O. Müller; indes schon die Verschiedenheit des Namens bietet dieser Annahme ein gewaltiges Hindernis. Vgl. die in Anm. 41 erwähnte Ansicht Sittls.

[110]) Die Zusammengehörigkeit des Namens Areion mit Ares wird ja gewiss nicht behindert durch die verschiedene Quantität des α, zumal diese Differenz keineswegs sicher steht und auch die Alten einen solchen Unterschied nicht gefühlt haben, da sie Ἄρης durch den Comparativ ἀρείων erklären. Vgl. Crusius in Phil. Jahrb. CXXIII p. 293 Anm. 8.

[111]) Mit Wilamowitz—Möllendorff (Hermes 1891 p. 225) anzunehmen, dass die durch die Münzen von Thelpusa bezeugte Form Erion der ursprüngliche Name des Rosses sei und dass Erion mit Erinys zusammenhänge, geht nicht an, da ja im arkadischen Dialekte häufig ε für α (Kühner-Blass, Gr. Gramm. I p. 117) eintritt und im Epos bereits der Name Arion feststeht.

Homer von Ares entwerfen, lediglich den ungestümen Kriegs- und Schlachten-
gott, alle Züge scheinen sich in diesem Bilde zu vereinigen und leihen den
bisherigen Deutungen im Gebiete der Aresreligion nur eine unsichere Unterstützung; andererseits sind der Culte und Mythen von Ares zu wenige bekannt,
als dass bisher von dieser Seite die erwünschte Klarheit geschaffen worden
wäre. Mit Rücksicht auf diese Schwierigkeiten wird man sich immer bei
dieser Frage, der auch ich kurz nachgehen will, genügen müssen, wenn es
gelingt, einige Momente aufzudecken, um eine ausgesprochene Deutung zu
unterstützen. Angeregt durch die vorausgehenden Erörterungen will ich denn
hier dem Gedanken näher treten, ob nicht etwa Ares seiner ursprünglichen
Bedeutung nach ein Gott des feuchten Elementes sei.

Unseren Ausgangspunkt nehmen wir von Homer. In E 356 sehen wir
Ares ἤμενον, ἠέρι δ᾽ ἔγχος ἐκέκλιτο καὶ ταχέ᾽ ἵππω. Was soll hier der Nebel? Die
Interpretation, der Speer, bzw. Ares sei in Nebel gehüllt, entbehrt jeder Be-
rechtigung; wir müssen vielmehr die Worte buchstäblich fassen. Nun aber ist
doch wohl, auch abgesehen von V. 36, schon deshalb, weil später Aphrodite
mit des Ares Wagen die Erde verlässt, um zum Olymp zurückzukehren, Ares
auf dem Boden sitzend zu denken; der Dichter hatte darum nicht nöthig, zu
einer Wolke zu greifen, an die Ares den Speer lehnen konnte. Und V. 867
steigt Ares ὁμοῦ νεφέεσσι zum Himmel empor. Vielleicht klebt hier sozusagen
noch an Ares ein Rest jenes Elementes, dem er eigentlich angehört. Doch ich
will darauf nicht viel Gewicht legen, weil diese Verse einer Partie angehören,
die zumeist nur gering bewertet wird. Aber sehen wir weiter. Homer schildert
wohl alle seine Götter als schön und darum auch als groß, im allgemeinen
aber haben sie doch ganz menschliche Gestalt (vgl. Nägelsbach, Hom. Theol.
p. 16). Als aber Φ 407 Ares von Athene hingestreckt wird, bedeckt er eine
Fläche von sieben Plethren. Kann man sich diese Angabe besser vergegen-
wärtigen als durch den Gedanken an eine hingegossene Wassermenge? Übrigens
wird man dabei erinnert an die Aloiden, welche nach λ. 309 ff. von unglaub-
licher Körpergröße sind, so dass sie im Alter von neun Jahren neun Ellen
breit und neun Klafter lang sind; auch diese mochten hingestreckt eine
stattliche Fläche verdeckt haben; die Aloiden aber galten als Söhne des Poseidon,
und wenn sie es sind, welche (E 385) den Ares fesseln, so hat dies seine
Parallele darin, dass Ares und Poseidon im Kampfe vor Troja Rivalen sind,
insofern sie verschiedenen Lagern angehören. Andererseits sind auch directe
Berührungspunkte zwischen Poseidon und Ares bei Homer nicht zu verkennen:
Ares hat wie Poseidon eine Stimme von neun- bis zehntausend Mannen[112])
(vgl. E. 860 f. und Ξ 148 f.), und aus dem Liede des Demodokos über Ares und
Aphrodite erfahren wir[113]), dass, als Ares von Hephaistos gefesselt worden war,
Poseidon (ϑ 344 ff.) für Ares Bürgschaft leistete, damit Hephaistos ihn freigebe.

---

[112]) Ares hat das Epitheton βριήπυος; beachte andererseits die Beziehung Poseidons
zum Stier (Preller—Robert, Gr. Myth.⁴ I p. 570).

[113]) Darauf hat seinerzeit schon Gerhard, Über Ursprung etc. des Poseidon, aufmerksam
gemacht, und er hat zur Erklärung angeführt, dass des Ares älteste Auffassung „als be-
fruchtender Wärmegott" vom Begriff des Poseidon „als Nährgott" nicht weit ablag.

Achten wir ferner auf das Verhältuis des Ares zu den übrigen Göttern. Einerseits muss auffallen, dass zwischen Ares und Athene keineswegs jene Beziehungen bestehen, die wir voraussetzen möchten, da doch Athene gewissermaßen die weibliche Kriegsgöttin ist; ja viele Stellen der Ilias beweisen, dass Zeus Recht hat, wenn er E 766 von ihr sagt: ἦ ἑ μάλιστ' εἴωθε κακῇς ὀδύνῃσι πελάζειν. Andererseits steht dem Ares die Göttin Aphrodite nahe, deren maritimer Charakter mir gerade das griechische Element in dieser zumeist orientalischen Göttin zu sein scheint. (Vgl. Anm. 94.) Auch außerhalb Homers können vielfache Beziehungen zwischen Ares und Aphrodite nachgewiesen werden, und schon auf dem Kypseloskasten sind die beiden Gottheiten künstlerisch mit einander verbunden (Vgl. Tümpel in Jahrb. f. Phil. Suppl. XI und seine Artikel Aphrodite und Ares in Pauly-Wissowas Realenc., insbes. II Sp. 646). Ich erwähne hier gleich, dass unter den männlichen Gottheiten vielfach Ares Dionysos gepaart ist, gerade wie dieser wieder mit Poseidon.

Doch noch manches andere ist geeignet, unsere Annahme über die ursprüngliche Wesenheit des Ares zu unterstützen. In Athen hatte Ares eine alte Cultstätte im Areopag. Mit dem Areshügel aber weiß man umsoweniger anzufangen, je besser man den Areopag und seine Einrichtungen kennt. Es ist ja richtig, dass die Sage, hier sei zuerst Ares selbst wegen des Mordes an dem Poseidonsohn Halirrhothios vor Gericht gestellt worden, nichts anderes ist als die zu einer Zeit, da das Wesen des Areopags nicht mehr im Einklange stand mit den gewöhnlichen Vorstellungen von dem Gotte Ares, zur Erklärung des Namens geschaffene prototypische Sage. Deswegen könnte ich mich aber noch nicht entschließen, den Namen des Hügels von den Ἀραί abzuleiten, weil sich doch nicht annehmen lässt, dass dieser Zusammenhang im Alterthume gänzlich verloren gegangen wäre. Ich halte vielmehr die Beziehung auf Ares fest: wenn wir nämlich erwägen, dass der Areopag die längste Zeit hindurch ein hochbedeutsamer politischer Factor gewesen, dass er nicht bloß die Aufsicht hatte über das ganze staatliche Leben, dass er sogar durch die Ernennung der staatlichen Behörden geradezu selbst gestaltend eingriff in die Entwicklung des Staatswesens, so erscheint er uns als der Inbegriff aller politischen Weisheit, ähnlich wie selbst noch in späterer Zeit gelegentlich das delphische Orakel. Dass sich dies mit dem Kriegsgott nicht verträgt, ist gewiss ebenso zuzugeben wie andererseits, dass eine ganz annehmbare Erklärung hiefür in der bekannten Weisheit der Meergötter liegt, jener Weisheit, auf die ich schon oben beim Apollon Delphinios hingewiesen habe. Der Zufall will es, dass unser Vergleich des Areopags mit dem delphischen Orakel eine Unterstützung findet durch die Parallele, welche das Delphinion [114]) zu Athen selbst dem Areopag abgibt. — Als Kriegsgott wird Ares in Athen nur verehrt in dem Arestempel der

---

[114]) Dass diese Gerichtsstätten eigentlich Heiligthümer sind, sagt ausdrücklich Arist. rep. Ath. c. 57; vgl. auch Etym. Magu. s. v. Δελφίνιον. — Unsere Auffassung über Ares im Areopag wird übrigens auch dadurch unterstützt, dass man nach Dem. XXIII 67 vor dem Gerichtshofe des Areopag beeidigt wurde πὰς ἐπὶ τῶν τομίων κάπρου καὶ κριοῦ καὶ ταύρου. Vgl. dazu Homer λ 130 f: ῥέξας ἱερὰ καλὰ Ποσειδάωνι ἄνακτι, ἀρνειὸν ταῦρόν τε σύων τ' ἐπιβήτορα κάπρον.

Unterstadt. Unter den alten Culten der Burg dagegen finden wir Ares gar nicht. Den Culten der Akropolis ist aber gewiss der Cult des Areshügels ziemlich gleichwertig. Vielleicht steckt daher mehr als ein zufälliger Irrthum dahinter, wenn in Schol. zu Eurip. Hippol. 974 nicht von einem Streit zwischen Athene und Poseidon, sondern von einem Streit zwischen Athene und Ares die Rede ist: in beiden Fällen läge nach unserer Ansicht ein Meergott mit Athene im Streite; Ares allerdings musste sich schließlich mit dem nachbarlich trotzenden Hügel begnügen, während Poseidon noch auf der Akropolis Verehrung fand. Die Rivalität zwischen Ares und Poseidon selbst wieder berichtet Schol. zu Aristides Panath. p. 183, 19 durch: τὸ ἱρίσαι Ποσειδῶ καὶ Ἄρη ὑπὲρ πόλεως; dass aber diese Rivalität schon nach älterer Auffassung bestand, ergibt sich mit Sicherheit daraus, dass offenbar daran angeknüpft ist jene Sagenbildung, durch welche ein prototypisches Element für die Blutsgerichtsbarkeit des Areopag geschaffen wurde. Vgl. Tümpel, Jb. f. Phil. Suppl. XI p. 688.

Nicht uninteressant sind die Verhältnisse in Lakonien. Bei den kriegerischen Spartanern sollte man doch einen ausgebreiteten Arescult vorfinden. Jedoch von dem, wie es scheint, hier mit Poseidon verbundenen Enyalios abgesehen, dessen Cult uns durch Plutarch und Pausanias bezeugt ist, merken wir von einer alten Aresverehrung eigentlich nichts: denn der Θηρεύτης ist wohl ursprünglich ein heimischer Gott der Jagd, der sich im Laufe der Zeit selbständig zum Kriegsgotte entwickelt hat. In dem Lande, wo gerade Poseidon die festesten Wurzeln geschlagen hat, scheint eben der Gegensatz zu Ares als einem ursprünglichen Wassergott auch dann noch gefühlt worden zu sein, als Ares sich längst schon zum Kriegsgotte entwickelt hatte. Der Arion von Tainaron [115]) könnte ja bezeugen, dass Ares in diesem Lande einst erst bekämpft und zurückgedrängt werden musste.

Von den Mythen erwähne ich zunächst die schon oben verzeichnete Fesselung des Ares, die einmal durch Hephaistos, das zweitemal durch die Aloiden ausgeführt wird. Nach unserer Auffassung von Ares erklärt sich diese Fesselung leicht als winterliche Bannung des Meeres. — Auch in der Argonautensage gibt es ein Moment, welches Ares als Meergott erkennen lässt. Gerade das goldene Vlies hat auch H. D. Müller bei seiner Untersuchung über das Wesen des Ares p. 12 besonders berücksichtigt; es dreht sich ja um dasselbe die ganze Sage. Merkwürdiger Weise nun wird dieses in Kolchis im Haine des Ares aufgehängt, wo ein Drache es bewacht. Wie kommt Ares zu diesem Widder? [116]) Nach Hygin fab. 3, 188 entstammt er dem Poseidon, und von Poseidon wissen wir, dass er sich in einen Widder verwandelt hat. Vgl. auch die Anm. 114 über den Eid vor dem Areopag. — Kurz registrieren will ich,

---

115) Für diesen ist — ich kann darauf nicht näher eingehen — auch die von Pausanias erwähnte Quelle auf Tainaron von Bedeutung.

116) Simonides hat dieses Vlies einmal πορφυρέον genannt (Schol. Apoll. IV 177). — Mit der gegebenen Auffassung verträgt sich ganz gut, was Mimnermos Frg. 11 sagt über die Stadt des Aeetes, die wohl ursprünglich nicht verschieden ist von der Insel Aretias.

dass nach Nikandros bei Anton. Lib. c. 28 sich Ares in einen Fisch verwandelte, und dass in dem von dem alten Künstler Dontas ausgeführten Weihgeschenk der Megarer (Paus. VI. 19), welches den Kampf des Herakles gegen Acheloos darstellte, Ares dem Stromgotte Hilfe leistete. Daran fügt sich passend der Kampf des Kyknos: Usener, der in Götternamen p. 200 f. an mehreren Götterpaaren, wie sie durch verschiedene Mythen gegeben sind, den Gegensatz zwischen Poseidon und dem Lichtgotte (insbes. dem Sondergotte Lykos) erkannte — z. B. Theseus, der Sohn des Aegeus oder Poseidon, wird von Lykos aus dem Lande verjagt, von Lykomedes gar getödtet, — er sieht sich vor einem Räthsel angesichts des Kampfes, den der Aressohn Kyknos entweder mit Lykos (Paus. I 27, 6) oder mit dem von Apollo entgegengesandten Herakles (Hes. sc. Herc. 393 ss.) zu bestehen hat; durch die Annahme einer inneren Verwandtschaft zwischen Ares und Poseidon ist dieses Räthsel gelöst, und es klingt nur wie eine Bestätigung unserer Annahme, wenn im kyprischen Epos Kyknos Sohn des Poseidon genannt wird.

Auch in einem anderen Falle bringt, glaube ich, erst unsere Annahme über die ursprüngliche Bedeutung des Ares die richtige Lösung. Allgemein ist man darüber verwundert, dass Poseidon als Vater des oben erwähnten Rosses Areion genannt wird. Zuletzt hat darüber gehandelt Immerwahr, Culte und Mythen Arkadiens p. 113 ff. I. meint, Ares sei durch Poseidon ersetzt worden infolge einer Verschmelzung verschiedener Stämme. Das mag ja ganz richtig sein, aber durch das Übergewicht der von dem einen Stamm getragenen Poseidonreligion ist m. E. noch nicht erklärt, warum gerade Ares bei dem zweiten Stamme dem Poseidon weichen musste. Nur wenn wir eine gewisse Wesensgleichheit zwischen Ares und Poseidon annehmen, verstehen wir, wie sich bei diesem Stamme auf dem Boden des Arescultes Poseidon mit dem Rosse, das nicht bloß sein Symbol, sondern auch sein Sohn ist, breit machen konnte.

Zum Schlusse will ich noch einen Punkt erwähnen, der mir ganz besonders das Verhältnis zwischen Ares und Poseidon zu beleuchten scheint. Beiden Göttern ist der Beiname Ἵππιος eigen. Das Rossymbol aber hat wie ich auch schon Tümpel in Jb. f. Phil. XI. Suppl. p. 687 für rein poseidonisch erklärt. Ares kann es also wohl nur infolge innerer Verwandtschaft von Poseidon übernommen haben. Wenn nun schon in der Ilias Ares so dargestellt ist, dass ihm das Epitheton Ἵππιος gegeben werden könnte, so muss Ares das Ross schon viel früher von Poseidon übernommen haben: wahrscheinlich damals, als die beiden Wassergötter Poseidon und Ares auf einander stießen. Ares scheint eben bei dem Kampfe um sein Dasein eine bedeutende Widerstandsfähigkeit gezeigt zu haben — er hatte ja auch, wie schon die von mir zusammengetragenen Spuren von dem Meergotte Ares beweisen können, eine größere Verbreitung als die oben zusammengestellten Formen des Delphinios, die Poseidon viel leichter zurückzudrängen wusste —; und so hat sich denn Ares dem Poseidon nur einigermaßen angeglichen, insofern er dessen Symbol übernahm, zumal da er jenes Symbol, das ich auch ihm ursprünglich zusprechen

4*

möchte, den Delphin [117], aufgeben musste, sowie er zu einer olympischen Gottheit wurde. Dass aber dann, als Ares neben Poseidon im Canon der gemeingriechischen Götter seinen Platz gefunden hatte, einer von diesen beiden Ἵππιοι auf seine materielle Bedeutung Verzicht leisten musste, ist wohl nicht zu verwundern. So ward der Übergang von dem ursprünglichen Meergotte Ares zum unbändigen Kriegsgotte angebahnt, ein Übergang, der gewiss an sich keine Schwierigkeiten bot.

Weder Zeit noch Raum gestatten mir, der aufgerollten Frage weiter nachzugehen. Eine gründliche Lösung ist ja nicht nur auf eine eingehende Behandlung der gesammten Aresreligion, sondern auch auf eine genaue Untersuchung der Elemente des Apollon und Dionysos, der Athene und Aphrodite angewiesen. Für den Augenblick jedoch war es mir nur darum zu thun, auch von der gewissermaßen etymologischen Seite her die von mir gegebene Erklärung des Arion zu stützen durch den Nachweis, dass Ares selbst die Deutung auf einen ursprünglichen Wassergott keineswegs ausschließe.

---

[117] Vielleicht lässt sich aus der obigen Reihe der Delphinioi noch etwas anderes bei Ares verstehen. Dass nämlich das Aresideal einen unbärtigen jungen Mann zeigt, muss doch einigermaßen auffallen, wenn man bedenkt, dass es einem unbändigen, wilden Krieger gilt; noch mehr auffallen muss, dass der Typus des jugendlichen und nackten Ares lange schon in der vorclassischen Zeit vorbereitet wurde. Ich kann mich des Gedankens nicht erwehren, dass hier noch die Erinnerung an den Delphinios, für den wir in allen seinen Formen einen jugendlichen und nackten Typus erkannt haben, fortgelebt habe. Vgl. Anm. 101.

Nachtrag.

Nach Abschluss der Arbeit finde ich bei Hiller v. Gaertringen, Die archaische Cultur der Insel Thera (Vortrag, geh. auf der letzten Philologenvers. zu Dresden), dass die von mir bekämpfte Inschrift von Thera eigentlich laute: [τὸν δεῖνα] ναὶ τὸν Δελφίνιον ὁ Κρίμων τάδε ὦιφε, παῖδα Βαθυκλέος, ἀδελφεὸν δὲ τοῦ δεῖνος. Dadurch ist der delphinreitende Arion von Thera endgiltig aus der Welt geschafft.

Excurs I.
Nichtmythische Delphinreiter.

In römischer Zeit erzählte man sich an verschiedenen Küstenplätzen von Knaben, die mit Delphinen solche Freundschaft pflegten, dass diese ihnen nicht bloß aus den Händen fraßen und mit ihnen spielten, sondern sie auch weite Strecken auf ihrem Rücken trugen. Scheinbar am besten bezeugt ist die Sage von Puteoli (Δικαιαρχία), die in die Zeit des Kaisers Augustus verlegt wird. Vgl. Plin. n. h. IX 24, Solin. XII 7 f., Gell. N. A. VII 8, auch Aelian n. a. VI 15 und Tzetzes IV 23. Nach diesen Berichten pflegte der Delphin den Knaben von Baiae nach Puteoli in die Schule und dann wieder nach Hause zu tragen. Überhaupt konnte ihn der Knabe wann immer rufen, sofort stellte sich der Delphin ein und nahm ihn auf seinen Rücken, den Stachel gleichsam in eine Scheide sorgsam bergend. Als der Knabe starb, kränkto sich der Delphin zu Tode. Bei Gellius erfahren wir auch den Namen des Knaben (Hyacinthus), sowie den Gewährsmann dieser Erzählung, nämlich Apion, das bekannte cymbalum mundi; und auf diese Autorität geht wohl auch nur zurück die Gewähr des Maecenas, Fabianus, Flavius, Alfius u. a., vor deren Glaubwürdigkeit Plinius großen Respect hat. Aber selbst Sperling (Apion der Grammatiker und sein Verhältnis zum Judenthum, Progr. d. Gymn. z. heil. Kreuz, Dresden 1886), der sich doch einigermaßen zum Vertheidiger des Apion aufwirft, meint p. XVII, dass die Betheuerungen des Apion, den Vorgang selbst gesehen zu haben, hier ebensowenig ernst zu nehmen seien, wie bei der Geschichte von Androklus und dem Löwen. — Von einem anderen Delphin, der in Hippo an der afrikanischen Küste ebenfalls den Menschen aus den Händen fraß und einen Knaben zu tragen pflegte, erfahren wir durch Plin. n. h. IX 26 und Solin. XII 9. Dieser Delphin erregte zur Zeit des Proconsuls Flavianus großes Aufsehen, wurde aber schließlich durch die Bewohner der Stadt getödtet. Der jüngere Plinius ep. IX 33 hält diese Geschichte für wahr, indem er sagt: *magna auctori fides* und *is tamen auctor, cui bene historiam scripturus credidisses.* Leider hat er uns den Namen des Gewährsmannes nicht mitgetheilt. Vielleicht hatte dieser ‚glaubwürdige‘ Gewährsmann eben auch nur davon gehört; wenn er sich auch in dieser Gegend aufgehalten haben mochte — das allein dürfte ja dem jüngeren Plinius so viel Respect eingeflößt haben —, so kann ganz leicht dieser Aufenthalt unglücklicher Weise in die Monate gefallen sein, da angeblich der Delphin beleidigt den Umgang der Menschen mied. — Ebensoviel Aufsehen machte ein derartiges Wunder in Poroselene, einer Insel an der aeolischen Küste bei Lesbos. Vgl. Ael. n. a. II 6, Oppian Hal. V 458—518, Tzetzes Chil. IV 1—8. Da war ein Knabe mit einem Delphin gemeinsam aufgezogen worden, und dieser bewies dem Knaben durch dessen ganzes Leben hindurch große Anhänglichkeit. Ja, wenn der Knabe es wollte, nahm der Delphin selbst Fremde auf seinen Rücken. Als der Knabe gestorben war, zeigte sich der Delphin nicht mehr. Die Quelle dieser Berichte ist, wie wir aus Aelian entnehmen, der Byzantiner Leonidas. Allerdings will Paus. III 25, 7 dieses Wunder selbst gesehen haben. Doch auf dieses αὐτὸς εἶδον des Pausanias ist

ebensowenig zu geben, wie auf die oben erwähnten Betheuerungen des Apion.
Vgl. Kalkmann, Pausanias der Perieget p. 3 ff. Auch des P. Quelle ist — das
gilt mir trotz Kalkmann p. 28 und Marx p. 11 als sicher[1]) — Leonidas von
Byzanz, von dem er sogar das αὐτὸς εἶδον abgeschrieben hat. — Ein Fall von
Delphinminne soll nach Ael. VI 15 (cf. Tzetz. Chil. IV 21 und Mart. Cap. de
nupt. IX 927; auch Apion scheint in den Αἰγυπτιακά davon gesprochen zu
haben, vgl. Sperling. a. a. O.) auch unter Ptolemaeus II. in Alexandria vor-
gekommen sein. Eine ähnliche Fabel erwähnte Theophrast auch von Naupaktos
(Plin. n. h. IX 28 und Gell. VII 8). Andere solche Sagen wurden erzählt von
den Amphilochiern (Plin. IX 28), auf der Insel Ios (Ael. n. a. II 6), ferner
über einen libyschen Hirten (Oppian Hal. 453 und Tzetz. Chil. IV 9);
nec modus exemplorum sagt Plinius IX 28.[2])

Und dass uns in der That noch mancher Ort hätte genannt werden können,
an dem solche Geschichten erzählt wurden, beweist der Umstand, dass wir
wirklich auf Münzen verschiedener Städte den Typus des delphinreitenden
Knaben finden, ohne dass uns der Anlass dieses Münztypus bekannt wäre
(S. Rasche, l. n. I. p. 467 und Keller a. a. O. p. 229 sammt Anm. 232). Überhaupt scheint seit der römischen Zeit, zumal auch bald dieser Zug im Kreise
der Aphrodite auf Eros angewendet worden war, die Verbindung des schönen
Knaben mit einem Delphin eine so gewöhnliche Tradition[3]) und dement-
sprechend in der Kunst ein so beliebtes und verbreitetes Motiv geworden zu
sein (cf. Stephani, C. R. 1864 p. 217 ff.), dass es, wenn nicht, wie bei einzelnen Münzen, locale Andeutungen hinzukommen, schwer wird, für jene delphinreitenden Knaben, wie sie vielfach in Werken der Sculptur, in Mosaiks, Gemmen
etc. vorkommen, bestimmte Namen zu suchen. Wie wenig sicheren Anhalt wir
etwa an den Attributen haben, zeigen die den Deutungsversuchen Stephanis
gegenüber gestellten, aber ebenso unsicheren Erklärungen einiger solcher
Delphinreiter durch Wieseler in Comm. de diis tridentem gerentibus Göttg. 1872.
Vielfach mag man sich ohne bestimmte Gedanken und Absichten dieses be-
liebten Motivs bedient haben. So finden wir im Ornament eines Marmor-
dreifußes des Mus. Capit. bei Piranesi t. II tav. 91 Knaben auf geöffneten Blüten

---

[1]) Gerade die Variante des Pausanias, die Anhänglichkeit des Delphins habe ihren
Grund darin gehabt, dass der Knabe den durch einen Fischer übel zugerichteten Delphin
geheilt hatte, ist dem Byzantiner als Erfindung am leichtesten zuzuschreiben. Denn von den
Thrakern um Byzanz wissen wir durch Oppian de pisc. 1416 ff., dass sie die sonst allgemein
geschonten Delphine fiengen und tödteten; und Oppians Nachricht wird dadurch unterstützt,
dass alle sonstigen Nachrichten über den Delphinfang uns an den Pontus verweisen
(S. Keller a. a. O. p. 234 und Tümpel a. a. O. p. 10 Anm.). — Bezüglich der Berichte
von Aelian muss man dann natürlich annehmen, dass er einen knappen Auszug aus Leonidas
in seiner Weise ausgestaltet habe. Marx selbst hat ja an anderer Stelle (p. 24. Anm. 1)
bezüglich eines Details gezeigt, wie leicht der betreffende Zug ins Märchen Eingang
finden konnte.

[2]) Vgl. Plut. de. soll. anim. 36: πᾶσιν ὑμνεῖς ἐπὶ φίλος καὶ βεβοήθηκε πολλοῖς und
Antig. Car. 55 (60) nach Arist. IX 48 p. 631 a.

[3]) Einen Anklang an solche Liebesverhältnisse zwischen Knaben und Delphinen finde
ich bei Gerhard, Neapels antike Bildw. S. 399 Nr. 3, wo Eros einen Delphin an sich drückt
und daneben zu lesen steht: φιλῶ.

ebenso wie auf Delphinen. Nicht einmal mehr die Erinnerung an Sagen von delphinreitenden Knaben scheint bei diesem Ornament mitgewirkt zu haben. Sogar zwei Delphine vereint sind als Träger verwendet bei einer Lampe des Musée Alaoui (Catal. p. Gauckler p. 164, 152). — Auf die Darstellung eines Delphinreiters geht ein Epigramm des Antiphilos in der Anthol. Pal. IX. 222; der Delphin erzählt darin, wie er den Leichnam eines Mannes ans Land getragen, am Land aber selbst auch den Tod gefunden habe.

Wie allgemein die Vorstellung von solchen delphinreitenden Knaben gewesen ist, geht hervor aus einem Epigramme des Meleagros (Anth. Pal. XII 53), wo ein Liebhaber Delphin zu sein wünscht, um seinen Liebling tragen zu können, sowie aus der parodistischen Verwendung des Delphinrittes in einer aesopischen Fabel (Halm 363, Tzetz. Chil. IV 955), wo der Delphin einen Affen, ἄνθρωπον εἶναι ὑπολαβών, aus dem Schiffbruch errettet. — Bei der Verbreitung, die jene Vorstellung bald gefunden haben mag, begreifen wir, dass auch in die Sagen bekannter Gestalten jener Zug eingeführt wurde. Des Odysseus Sohn, der kleine Telemach, soll nach der Behauptung der Zakynthier (Plut. de soll. an. 36, cf. Tzetz. ad Lycophr. 658), als er einst ins Meer gefallen war. durch einen Delphin gerettet worden sein ; daher habe Odysseus im Schilde [1] sowohl wie im Siegelring das Bild des Delphins geführt. — Endlich auch des Hesiod [2] Leichnam sollen die Mörder ins Meer geworfen, Delphine aber beim Vorgebirge Rhion ans Land getragen haben.

Freilich weder hier noch bei einer der früher erwähnten Fabeln ist der Fall ausgeschlossen, dass der Erdichtung eine dunkle locale Tradition zuhilfe gekommen sei. Bezüglich des letzten Beispiels habe ich selbst meine Geneigtheit für eine solche Annahme oben p. 35 ausgesprochen. Vgl. Gruppe, Gr. Mythol. p. 90. Gruppe scheint auch der erwähnten Legende von Telemachs Rettung durch einen Delphin eine ernstere Bedeutung beizumessen (p. 358 Anm. 5). — Im allgemeinen aber müssen diese Fabeleien als bewusste Nachbildung nach jenen echten Mythen gelten, [6] als Erdichtungen, die freilich einen Schein, aber auch nur einen Schein von realem Hintergrunde in dem Wesen der Delphine, in ihrer ἡμερότης und φιλανθρωπία er-

---

[1] Hier, wo jetzt die Sage endet, hat offenbar einst die Entstehung dieser Sage ihren Ausgangspunkt genommen; dass aber Stesichoros dem Odysseus, dem Ideal der griechischen Seefahrer, einen Delphin als Schildzeichen gegeben hat, ist gewiss nicht zu verwundern.

[2] Die Quellen sind zusammengetragen in der Hesiodausgabe von Göttling-Flach. Wenn richtig ist, was Friedel in Jb. f. Phil. X. Suppl. über die Sage von Hesiods Tod darzuthun suchte, dass nämlich die zwei Gruppen in der Überlieferung dieser Sage, wobei sich Plutarch gegenüberstellt dem auctor certum. und Proklos, schließlich sich treffen in der Person des Alkidamas, eines Schülers des Gorgias, so könnte man die von Theophrast bezeugte Erzählung von Naupaktos hieherbeziehen (vgl. Paus. IX 36, 6) und so vielleicht schon den Prunkredner Alkidamas für die Delphine in jener Sage verantwortlich machen.

[6] Biedermann a. a. O. hat gemeint, die Darstellungen des Melikertes als eines von einem Delphin getragenen Knaben seien durch den Handel und Verkehr zu anderen Seestädten gekommen und so seien an den betreffenden Orten die Fabeln aufgekommen von wunderschönen Knaben, die von Delphinen getragen werden.

halten. [5]) Vgl. Brehm, Thierl. p. 684: „Die Lebendigkeit der Delphine, ihre geringe Scheu vor dem Menschen und ihre Spiele haben sie schon seit alter Zeit Schiffern und Dichtern befreundet", und die ebenda p. 705 wiedergegebene Schilderung Lösches über das heitere Spiel und launenhafte Treiben der Delphine.

Auch die christliche Legende ließ sich diese wunderbare Delphinenfahrt nicht entgehen. Schon Philostorgius hist. eccles. II 13 (ed. Gothofredi 1643 p. 19) erzählt, dass Lucianus von einem Delphin aus dem Meere aus Land getragen worden sei und dass zur Erinnerung daran Helena (sic!), die Mutter des Kaisers Constantin, an jener Stelle in Bithynien die Stadt Helenopolis gegründet habe. Von dem heiligen Martinianus — die Legende dieses Heiligen ist neuestens griechisch herausgegeben von P. Rabbow in Wien. Stud. XVII — wird erzählt. als er sich vor Versuchungen auf eine Insel flüchtete, hier aber mit einem durch einen Schiffbruch verschlagenen schönen Mädchen zusammenkam, habe er sich ins Meer gestürzt, sei jedoch durch Delphine wohlbehalten ans Land getragen worden (Wien. Stud. XVII p. 288). Der hl. Callistratus endlich (Acta Sanctorum Bollandiana, mens. Sept. VII, Antwerpen 1760, p. 192) wurde in einem Sacke ins Meer geworfen, von Delphinen aber wieder herausgetragen und so gerettet. Vgl. R. Pfleiderer, Die Attribute der Heiligen, p. 38.

Excurs II.
Der Delphinreiter der tarentinischen Münzen.

Wie aus der oben gegebenen Darstellung zu erschließen ist. lehne ich die von Studniczka (Anhang I zu seinem geistreichen Buche „Kyrene. eine alterthümliche Göttin", Lpz. 1890) entwickelte Ansicht über die tarentinische Gründungssage ab. St. hat nämlich nach dem Vorgange Doehles (Straßburg i. E. 1877, Progr. d. Lyceums p. 13 f.) zu zeigen versucht, dass Phalanthos, der nach der Überlieferung die Parthenier zur Besiedelung Tarents führte, eine mythische Gestalt sei, deren Cult in Tarent schon von der vordorischen Colonie, von Achaeern, begründet und von den späteren Herren des Platzes, von den Dorern, annectiert wurde. Als anerkannter Archeget der lakonisch gewordenen Stadt sei dann bei Beginn der Prägung Phalanthos in der Cultgestalt des Delphinreiters auf die Münzen gesetzt worden: als aber der Heros zu einer geschichtlichen Person herabgedrückt worden war, habe man, um diese von dem wunderbaren Zuge des Delphinritts zu befreien, „wohl nicht lange vor Aristoteles" auf das unabänderliche Wappenbild der Münzen den Namen des als Heros und Poseidonsohn verehrten eponymen Flussgottes Taras übertragen [1]), „angeleitet durch den im Nominativ daneben stehenden Stadtnamen."

---

[5]) Wie einzelne Züge der angefuhrten Sagen durch gewisse Erscheinungen im Leben der Delphine ihre Erklärung finden, hat Keller a. a. O. und Biedermann a. a. O. gelegentlich gezeigt. Vgl. Anm. 83 und Brehm p. 684.

[1]) Da man gelegentlich unter Berufung auf St. gesagt hat, die Delphingeschichte des Taras sei lediglich darauf zurückzuführen, dass Aristoteles die tarentinischen Münzen, verleitet durch ihre Legende, falsch gedeutet habe, halte ich es für nothwendig, darauf aufmerksam zu machen, dass dies keineswegs die Ansicht Studniczkas ist, und dass dieser

Diese Ansicht ist m. E. an zwei bedenkliche Voraussetzungen geknüpft. Erstens müsste Taras eigentlich — und zwar schon in alter Zeit — ein Flussgott gewesen sein, der Gott des Flusses nämlich, nach welchem die Stadt benannt worden sein soll. Das aber ist noch nicht bewiesen durch einzelne Stellen von wenigstens zweifelhaftem Werte, auch nicht durch Pausanias, der dem Taras eine einheimische Nymphe zur Gattin gibt. Auch Glaukos bleibt Meergott, mag er auch gelegentlich Sohn des Poseidon und einer Najade genannt werden. Und sofern Pausanias berichtet, dass nach dem Heros Taras Stadt und Fluss benannt worden seien, so hat hiefür St. selbst p. 143 f. Parallelen genug zusammengetragen, als er seine Annahme stützen wollte, dass seine Göttin Kyrene der Stadt und dem Bache den Namen gab. Zweitens setzt St. voraus, dass man in dem Delphinritt einen wunderbaren Zug erblickte, den man mit einem zum bloßen Menschen herabgedrückten Phalanthos für unvereinbar hielt. Ich selbst habe für meine Ansicht eine gegentheilige Voraussetzung gemacht. Solch ein Rationalismus, wie ihn St. voraussetzt, hat sich ja gewiss nie in dieser Sage geltend gemacht; es widerspräche dies der Thatsache, dass die Fabeln von delphinreitenden Knaben immer zahlreicher wurden und selbst bei gebildeten Männern Glauben fanden. Aber auch die von St. gegebene Begründung seiner Ansicht ist keineswegs stichhältig. Vor allem ist es doch sehr fraglich, ob die Nachrichten über den Delphinritt des Phalanthos in ältere Zeit zurückreichen als die Nachrichten über den Delphinritt des Taras. Die Quelle des Pausanias für sein φασίν in X 13, 10 kennen wir denn doch nicht so gut wie Aristoteles selbst. Und aus des Pausanias Nachricht über das von Onatas verfertigte Weihgeschenk der Tarentiner für Delphi erfahren wir über den Delphinritt des Phalanthos gar nichts. In jener Gruppe s t a n d bei oder gar über der Leiche des Iapygerkönigs Opis der Heros Taras und der Lacedaemonier Phalanthos. Selbst wenn Pausanias weiter sagt καὶ οὐ πόρρω τοῦ Φαλάνθου δελφίς, so ist, mag auch Pausanias oder seine Quelle den Delphin auf Phalanthos bezogen haben, damit noch nicht bewiesen, dass wirklich der Delphin d e s P h a l a n t h o s w e g e n da war [2]), noch weniger, dass er in irgend welcher plastischen Verbindung mit Phalanthos stand. Ist also wirklich der Delphinritt des Phalanthos besser bezeugt als der Delphinritt des Taras? Da man das Probusscholion mindestens ebensogut für Taras wie für Phalanthos in Anspruch nehmen kann, ist sogar e i n e t a r e n t i n i s c h e Delphingeschichte von Phalanthos — auf eine solche kommt es aber eigentlich nur an — überhaupt nicht bezeugt. Wenn ferner St. bei seiner Ansicht durch Zuhilfenahme einer Tradition über die letzten Tage des Phalanthos[3]) die Münzen

Gedanke einfach ausgeschlossen ist durch die Thatsache, dass Aristoteles an der betreffenden Stelle bei Pollux den Taras als Sohn des Poseidon bezeichnet, was er doch nicht aus den Münzen lesen, sondern nur durch eine Sage wissen konnte.

[2]) K. Lorentz, de orig. vet. Tar. p. 48, scheint zu meinen, dass der Delphin in diesem Weihgeschenke eigentlich dem Taras zugehörte. Allerdings ist er entschieden zu weit gegangen, wenn er meint, die ganze Sage vom Delphinritt des Phalanthos sei in Delphi angesichts dieses tarentinischen Weihgeschenks entstanden.

[3]) Diese Erzählung scheint lediglich dem Umstande ihre Entstehung zu verdanken, dass man neben dem Heroon des Taras, von welchem Serv. Aen. III 551 berichtet und dem

von Brundisium mit dem Bilde des Delphinreiters leichter erklären zu können
glaubt, so gebe ich dagegen zu bedenken, dass derselbe Münzstempel wie in
Tarent sich nicht bloß in Brundisium, sondern auch in Butuntum. Teate,
Baletium und Paestum findet. [4] Man müsste also annehmen, dass alle diese
Städte Phalanthos als ihren Oikisten ansahen und sich von ihm die gleiche Sage
erzählten. Dem gegenüber ist es gewiss wahrscheinlicher, in allen diesen Fällen,
also auch in Brundisium, anzunehmen, dass einfach der tarentinische Stempel
übernommen wurde. Zur Zeit aber, da in den genannten Städten die Prägung
des Delphinreiters begann — am ältesten sind die betreffenden Münzen von
Baletium (ca. 350 v. Chr. nach Head, h. n. 42) —, soll auch nach St. der tarentinische
Delphinreiter schon den Taras dargestellt haben. Was ferner die Homonymen des
Phalanthos betrifft, so sind sie, selbst ihren mythischen Wert zugegeben, kein
Beweis für den mythischen Phalanthos von Tarent. Ebensowenig lässt sich
erschließen aus dem Namen der einzig von Pausanias dem Phalanthos gegebenen
Gattin Aithra,[5] an deren Namen eine unglaublich raffinierte Geschichte angeknüpft
ist; viele Details der Sage von Phalanthos tragen den Stempel der Erfindung
an sich, wie sie sich bei dem von mir oben eingenommenen Standpunkte am
besten geltend machen konnte. — Zur Unterstützung meiner Ansicht möchte
ich noch einen Gedanken weiterspinnen, den Evans bei der Deutung des
„horseman" der tarentinischen Münzen ausgesprochen hat, zumal da dieser
Reiter ein schönes Analogon findet in den zahlreichen Reitern der korinthischen
Pinakes. Ich schließe nämlich aus den Reiterbildern, dass dem Stadtheros zu
Ehren in Tarent Leichenspiele mit einem hippischen Agon gefeiert wurden,
ähnlich den isthmischen Spielen zu Ehren des Melikertes (Plut. Thes. 25).
Diese Leichenspiele konnten aber nicht dem Flussgotte gelten, nach dem die
Stadt benannt worden sei; galten sie aber dem „mythischen Phalanthos",
dann
hätte jene Zeit, welche nach St. diese Persönlichkeit des mythischen Elementes
entkleiden wollte, auch bei den Leichenspielen Phalanthos gegen Taras müssen

wohl auch das offenbar alte Bild eines Delphinreiters in Tarent (Probus l. l.) zuzuschreiben
ist, ein Heiligthum des m. E. später heroisierten Phalanthos vermisste. Dass man das Grab
des Phalanthos vermisste, ist ja aus Iustin. III 4, 13 ff. mit Sicherheit zu erschliessen.

[4]) Für Butuntum nenne ich Carelli XCVI 2 u. 3. Wien 2445—2448. Brit. Mus. p. 157
Nr. 1 u. 2. Berlin p. 219 Nr. 7—11; für Teate: Carelli LXXXVII 18 = Mionnet Suppl. I
Nr. 153, Brit. Mus. p. 147 Nr. 16. Berlin p. 207 Nr. 28 u. 29; für Baletium: Arch. Ztg. 1853
Taf. LVIII 17. Rev. Num. 1859 pl. XV 1 (vgl. dazu Luynes ebenda p. 342); für Paestum:
Carelli CXXX 1—5, Wien 4392—4397 u. Brit. Mus. p. 274 Nr. 2 u. 3. — Mazocchi (l. l. I
p. 113 not. III) will den Delphinreiter auch auf einer Silbermünze von Heraclea gesehen
haben, und Mionnet erwähnt diesen Typus auf einer Goldmünze von Heraclea, die abgebildet
sein soll Magnan. Lucan. num. tab. 44 Nr. 2. Doch scheinen diese Angaben auf einem
Missverständnis zu beruhen, indem nämlich eine Abkürzung der auf Münzen von Tarent
häufig vorkommenden Signatur ΙΗΡΑΚΛΗΤΟΣ (s. Evans, The horsemen. p. 237) als Bezeichnung der Stadt Heraclea aufgefasst wurde.

[5]) Auch Gruppe Gr. Mythol. p. 266 legt wohl dieser Nachricht größeres Gewicht bei;
indes bietet eine passende Parallele für die glorificierenden Absichten der römischen Zeit
die Nachricht Strabos VI 3 p. 282, dass Theseus der Gründer von Brundisium sei. Man
sollte also doch so späte Nachrichten mit einiger Reserve aufnehmen. Nutzlos verwendet ist
nun der an sich staunenswerte Scharfsinn, mit welchem Maass, De Lenaeo et Delphinio p. XX,
aus dem διπλοῦς ὀπὴ αὐθρχς sogar den Beinamen Hyakinthos für Phalanthos zu construiren wusste.

zurücktreten lassen. Das war aber nicht so leicht möglich, wie die Umdeutung des Münzbildes, die doch einigermaßen durch die beigeschriebene Legende unterstützt sein könnte. Also auch von dieser Seite her wird die mythische Wesenheit des Phalanthos und die Deutung des Delphinreiters auf Phalanthos sehr fraglich.[6]

Übrigens auch der tarentinische Delphinreiter, von dem uns Probus berichtet, hätte sich die mir unwahrscheinliche Umdeutung von Phalanthos auf Taras gefallen lassen müssen. Dass nämlich das von Probus erwähnte Bild — etwa in Relief ausgeführt — thatsächlich schon in alter Zeit zu Tarent bestand, glaube ich im Hinblicke auf das gewöhnliche tarentinische Münzbild annehmen zu müssen.

Wir finden nämlich auf den tarentinischen Münzen — die Didrachmenserie, welche hier hauptsächlich in Betracht kommt, hat Arthur I. Evans in der schon oft herangezogenen Arbeit [7] ,The horsemen of Tarentum' (Lond. 1889) mit großem Scharfsinn in ein chronologisches System gebracht — als Münzbilder der einen Seite zumeist einen Delphinreiter, während die Kehrseite zunächst auf incusen Stücken dieselbe Figur, dann das bekannte Kreuz, einen Hippokampen, einen Kopf, die sitzende Gestalt des sogenannten Demos, endlich seit der zweiten Hälfte des 5. Jahrhunderts den bekannten horseman zeigt; und bald ist der Reiter (bzw. zwei Reiter) dasjenige Bild, mit dem ausschließlich der Delphinreiter zusammen vorkommt.[8] Der Delphinreiter dieser Münzen aber zeigt allerdings auf den ersten Blick zahlreiche Verschiedenheiten, jedoch stets ist er jugendlich — bärtig erscheint er wohl Car. 43 u. 153, doch mag da die Abbildung ungenau oder missverstanden sein [9] —; ebenso ist er fast immer nackt, nur manchmal trägt er eine Chlamys und im Haar eine hinten zusammen-

---

[6] Auch Keller a. a. O. p. 220 findet in Phalanthos eine mythische Gestalt, oder richtiger gesagt, ihm ist Ph. nur ein anderer Name für Taras. Dass jedoch der Delphinritt noch nicht hinreicht, diese Auffassung zu stützen, glaube ich durch den von mir betretenen Ausweg gezeigt zu haben. Noch weniger ist auf die Etymologie des Namens zu geben. K. findet allerdings darin einen Hinweis auf die phoenicische Herkunft des Delphinreiters; doch vgl. daneben die von St. S. 185 f. nach Doehle gegebene Deutung des Namens. — Dasjenige, was Doehle selbst a. a. O. ,für die Identität des Phalanthos und Poseidon" anführt, hat schon St. als belanglos ignoriert.

[7] Leider wird der Gebrauch dieser bedeutsamen Arbeit stark dadurch beeinträchtigt, dass namentlich aus Carelli die Citate unverlässlich sind.

[8] Nicht gerade verwunderlich dünkt es mich, wenn auf einigen Goldstateren aus der Zeit des Königs Alexander von Epirus, ferner auf einzelnen Silberdrachmen und mehreren Kupfermünzen der Delphinreiter einen anderen Typus, vielfach übrigens ein Pferd oder Pferdeköpfe, zumeist aber eine Kammuschel, als Gegenbild erhält. Unter den Didrachmen ist mir eine solche Ausnahme unbekannt. — Durch die besondere Freundlichkeit des Herrn Prof. Kubitschek war es mir möglich, den hier vorgelegten Bemerkungen auch die tarentinischen Münzen des Wiener Hofmuseums, das deren weit über 1000 Stück besitzt, zugrunde zu legen.

[9] Freilich bärtig soll nach Dressel (Berl. Mus.) auch der Delphinreiter auf den Kupfermünzen von Teate sein, und dazu stimmt Carellis Beschreibung (p. 33) zur Teatiner Münze Nr. 18. Eine solche Variante müsste ich lediglich als eine Spielerei des Münzmeisters auffassen. Jedenfalls ist es überflüssig, deswegen für den Delphinreiter den Namen Poseidon anzusetzen. Noch weniger Bedeutung ist dem Dreizack, den der Delphinreiter von Teate in der Hand hält, beizulegen, da dieser auch bei den Tarasdarstellungen der tarentinischen Münzen wiederkehrt und hier gewiss nicht anders denn die übrigen Attribute des Delphinreiters aufzufassen ist.

geknüpfte Kopfbinde — Helm und Schild rechne ich wie die Speere zur Zahl
der mannigfaltigen Attribute. die Evans p. 229 f. zusammengestellt hat —.
Auch die Positur lässt etwas Typisches nicht verkennen. Denn nur selten finden
wir. dass er nicht rittlings (περιβάδην), sondern nach Frauenart auf dem Delphin
sitzt; es kommt allerdings sogar vor, dass er mit einem Bein auf dem Reitthier
kniet, als wollte er absteigen: aber alle diese Ausnahmen erkläre ich mir
dadurch, dass der Münzmeister sich hiezu durch das vordere Münzbild verleiten
ließ, an dessen Reiter diese und andere Posituren nicht befremden können, wenn
anders ich mit Recht hier die Vorübungen und Vorbereitungen für den hippischen
Agon zu Ehren des Stadtheros (vgl. p. 58) dargestellt sehe (Über die Übungen
der tarentinischen Jugend vgl. Doehle a. a. O. p. 26, über die Reitkunst
der Tarentiner Doehle p. 28). Endlich die Arme zeigen nur scheinbar
eine verschiedene Haltung; sie richtet sich allerdings zum Theil nach
den in die Hände gegebenen Attributen, doch leuchtet fast immer ein be-
stimmter Typus durch, der für Taras ursprünglich charakteristisch gewesen
sein dürfte: der Arm der abgewendeten Körperseite ist vorgestreckt, die Hand
des anderen Armes legt der jugendliche Reiter hinter sich auf den Rücken des
Delphins. Dieser Typus ist ernstlich nur einmal, da allerdings in räthselhafter
Weise, unterbrochen; ich meine jene alten Münzen, in denen der Delphinreiter,
wie um sich im Gleichgewichte zu erhalten, beide Arme vorgestreckt hält.[10]
Von dieser nur kurze Zeit anhaltenden Abweichung abgesehen, ist der Typus
regelmäßig so streng beachtet, dass man, wenn der Arm der uns abgewendeten
Seite aus irgend einem Grunde gesenkt ist, zumeist das Streben merken kann,
den vorderen Arm vorzustrecken. Ich lege auf die typische Haltung der Arme
schon deshalb Gewicht, weil der Typus, wenn er auch gelegentlich verwischt
erscheint, immer wieder in reinster Form wiederkehrt[11], hauptsächlich aber
deshalb, weil ich ihn bei keinem der sonstigen Delphinreiter des Alterthums
wiedergefunden habe. Solch ein Conservatismus in der Gestaltung des Delphinreiters kann jedoch nur dadurch erklärt werden, dass zu Tarent thatsächlich ein
altes Bild dieser Art bestand, welches den Münzmeistern immer wieder das
Vorbild des Typus vor Augen hielt. War dieses Bild, wie ich glaube, ein
Relief — Evans hat bei der Gestalt des Demos an die attischen Grabreliefs
erinnert —, so könnte auch die Kammuschel, die auf den ältesten Münzen
unterhalb des Delphins im Felde vorkommt, oder der Tintenfisch, der diese
gelegentlich vertritt[12], dem von mir reconstruierten tarentinischen Monument

---

[10] An die Haltung der Arme beim Gebet hat gedacht Imhoof Blumer, Jb. d. arch.
Inst. III p. 288; dagegen hat Stellung genommen Dressel, Beschr. ant. Münz. d. Berl. Mus.
p. 236. Vgl. übrigens die p. 43 erwähnte Lekythos von Berlin.

[11] Daraus erklärt sich auch, dass bei dem auf den tarentinischen Typus zurück-
gehenden Delphinreiter von Brundisium nur selten beide Hände mit der Lyra beschäftigt
sind, zumeist vielmehr der eine Arm mit dem Plektron vorgestreckt ist.

[12] Wenn wir — schon in verhältnismäßig alter Zeit — gelegentlich den Polyp in
der gesenkten Hand des Delphinreiters sehen, so ist dies ursprünglich wohl nicht anders
aufzufassen, als wenn später die heranschwebende Nike, wie ich oben Anm. 29 erwähnte, auf
der vorgestreckten Hand steht. Die Stempelschneider sind eben doch nichts weniger als
gebildete Künstler, die vor Missverständnissen gewahrt geblieben wären; freilich haben ihre
Verunstaltungen des Typus auch Schule gemacht.

zugeschrieben werden. Ich fühle mich zu dieser Vermuthung umsomehr berechtigt, als bei denjenigen Münzen, wo nicht der horseman das Gegenbild des Delphinreiters ist, zumeist, auf Kupfermünzen — wenn ich von den Kaiserköpfen absehe — sogar ausschließlich, die Kammuschel auf der Kehrseite erscheint. Zudem haben die Kammuschel und der Polyp mit den Gegenständen, die später im Münzfelde dargestellt sind, nichts zu thun und sollten lediglich das Meer symbolisieren; daher kommt es ja, dass wir diese ältesten im Münzfelde vorkommenden Symbole bald so gut wie ganz verdrängt sehen durch andere beziehungsreichere Gegenstände.

Was endlich die Legende auf der Didrachmenserie betrifft, so finden wir, solange es keine Reitermünzen gibt, bei dem Delphinreiter die Legenden Τάρας und Ταραντίνων, jedoch Τάρας auch bei anderen Münzbildern. Sowie die Reitermünzen aufkamen, wurde für gewöhnlich, [13]) ursprünglich vielleicht aus räumlichen Gründen, nur der Delphinreiter mit einer Beischrift versehen, u. zw. viel häufiger mit Τάρας als Ταραντίνων. Da man sich nun der Thatsache bewusst war, dass der Delphinreiter wirklich Taras war, mochten allmählich spätere Stempelschneider die Bezeichnung Τάρας auf das Münzbild bezogen haben; daher finden wir thatsächlich seit 380 ausschließlich Τάρας als Beischrift bei dem Delphinreiter, und wenn ja zur Vorderseite einer rückwärts mit dem Delphinreiter versehenen Münze eine Beischrift gesetzt wurde, [14]) so haben die Stempelschneider nun schon in dem Bewusstsein, dass Τάρας beim Delphinreiter den Namen desselben angebe, Ταραν(τίνων) hingeschrieben. — Diejenigen Städte freilich, welche bei Übernahme des Münzbildes die Beischrift Τάρας wegließen, scheinen auch jetzt noch an den Stadtnamen gedacht zu haben.

---

[13]) Ταραντίνων scheint auf beiden Seiten zu stehen Berl. 95.

[14]) Br. Mus. 173 und Evans, The horsemen, p. 78 ff.: Type G. K und L. Es ist also unrichtig, wenn St. nur von einigen Goldstücken spricht, die jünger seien als Aristoteles. — Selbst bei den Didrachmen ganz ohne Delphinreiter ist diese Regel beachtet, insofern sich hier nie die Beischrift Τάρας findet. Bei den Goldmünzen ist diese Regel nur eingehalten, wenn die eine Seite den Delphinreiter zeigt: Carelli 8, Wien 2473—2475, Br. Mus. 16 f., Berl. 12—15; ferner Wien 2487, Br. Mus. 27 und Berl. 33—35; Car. 29. Vgl. dagegen Car. 13—15, Br. Mus. 9, Berl. 4—6; Car. 24, Paris 111, Berl. 29—31; Car. 11; Car. 9. Wien 2485, S. Imhoof Blumer Winterthur 3, Berl. 32, anders (?) Evans pl. V 13. Andererseits zeigen selbst Drachmen (Berl. 327—331, Evans pl. X 9 und 13; nur Evans p. 162, 5 angeblich Τάρας neben einer Eule) und kleinere Silbermünzen (Berl. 427; Car. 290 und Berl. 383—385 machen keine rechte Ausnahme) die Beischrift Τάρας nur beim Delphinreiter — bei mehreren älteren Diobolenstücken aus Silber (Wien 3684—3686) zeigt der Delphinreiter die Beischrift Τάρας, während die Kehrseite mit dem Pferd die Beischrift Τα trägt —. Beim Delphinreiter der durchgängig roh gearbeiteten Kupfermünzen aber (Car. 402 f., Br. Mus. 479—481, Wien mit mehreren Stücken, Berl. 612—622, Paris 147) lautet die Beischrift ausnahmslos Ταρας.

Wien Nr. 3684.

Sachregister.